LEBEN IST EIN WESENTLICHER BESTANDTEIL DES TODES

ZWEI NAHTODERFAHRUNGEN UND EIN ERLEBEN VON TIEFER VERSENKUNG PRÄGTEN MEIN LEBEN

Klaus Thalheim

D1694844

Wichtiger Hinweis

Die in diesem Buch vorgetragenen Inhalte sind eigene Erlebnisse und persönliche Rückschlüsse, die nach bestem Wissen und Gewissen sorgfältig erarbeitet und weitergegeben wurden. Autor und Verlag übernehmen keinerlei Haftung für Schäden irgendeiner Art, die sich direkt aus der Verwendung der Angaben in diesem Buch ergeben könnten. Das Buch dient der Information und erhebt nicht den Anspruch objektives Wissen oder Lehrinhalte zu vermitteln.

Ich möchte das Buch der Frau widmen,
die ihr Leben mit mir teilt.
Unsere gemeinsame Zeit ist außergewöhnlich,
ich danke Dir sehr dafür.

Copyright © April 2018 by Klaus Thalheim
Titelfoto: Klaus Thalheim
Fotos-Rückseite: Klaus Thalheim
Alle Rechte sind vorbehalten
Herstellung und Verlag:
BoD – Books on Demand, Norderstedt
ISBN 978-3-7528-8165-3

Inhalt

Seite 004	Vorwort
Seite 009	Einleitung
Seite 014	Teil 1 Die Ereignisse
Seite 014	Kapitel 01
Seite 018	Kapitel 02
Seite 026	Kapitel 03
Seite 028	Kapitel 04
Seite 036	Kapitel 05
Seite 044	Kapitel 06
Seite 048	Kapitel 07
Seite 057	Teil 2 Die Deutung und Verarbeitung
Seite 057	Kapitel 08
Seite 063	Kapitel 09
Seite 070	Kapitel 10
Seite 088	Kapitel 11
Seite 095	Teil 3 Zusatzmaterial
Seite 095	Kapitel 12
Seite 114	Kapitel 13 Fragen
Seite 131	Schaubild
Seite 132	Heilspruch
Seite 133	Teil 4 Anhang
Seite 133	Kapitel 14 Definitionen
Seite 143	Schlusswort
Seite 147	Der Autor
Seite 148	Weitere Bücher des Autors

So habe ich im Laufe meines Lebens mit einer Menge ernsthafter Leute zu tun gehabt. Ich bin viel mit Erwachsenen umgegangen und habe Gelegenheit gehabt, sie ganz aus der Nähe zu betrachten. Das hat meiner Meinung über sie nicht besonders gut getan. Wenn ich jemanden traf, der mir ein bisschen heller vorkam, versuchte ich es mit meiner Zeichnung Nr. 1, die ich gut aufbewahrt habe. Ich wollte sehen, ob er wirklich etwas los hatte. Aber jedes Mal bekam ich zur Antwort: „Das ist ein Hut." Dann redete ich mit ihm weder über Boas, noch über Urwälder, noch über die Sterne. Ich stellte mich auf seinen Standpunkt. Ich sprach mit ihm über Bridge, Golf, Politik und Krawatten. Und der große Mensch war äußerst befriedigt, einen so vernünftigen jungen Mann getroffen zu haben.

(Zitat: S.6/7, Der Kleine Prinz, Antoine De Saint – Exupéry, Karl Rauch Verlag, 1976)

Vorwort

Schreibt jemand eine Autobiografie, so wird sie oft *Mein Leben* untertitelt. Würde ich eine Autobiografie schreiben, so könnte ich wohl nicht sagen, dass dies *mein* Leben war und ist. Ich nehme es als Leben mit den Einflüssen von außerordentlich vielen und vielem wahr. Ich würde daher eher sagen wollen: Viele(s) in mir machen Anteile, Ausrichtungen, Gedanken, Gefühle, Wertungen, Taten und und und in dem aus, was ich mein Leben nennen könnte. Es kann daher nicht als *mein* Leben bezeichnet werden. Es wäre ganz anders, wenn es *mein* Leben wäre. Aber ich schreibe hier keine Autobiografie. Ich möchte nur zu ganz bestimmten Ereignissen und deren Folgen etwas erzählen. Für mich waren diese Ereignisse kein Pappenstiel. Deshalb brauchen sie für mich Worte, damit ich als Gesamtkonzept Mensch die dadurch entstandene und dazugehörige Kraft besser in meinem System verarbeiten kann.

Seit 59 Jahren trage ich nun Dinge in mir herum, von denen ich weiß, dass es im besten Falle schwierig wird, wenn ich über sie in vollem Umfang sprechen würde. Die Thematik ist sehr persönlich und das Berichten darüber macht mich sehr angreifbar und verletzlich. Es kann über die Erlebnisse nicht diskutiert werden, weil sie einzigartig und subjektiv sind. Ein Nachempfinden wird nicht einfach sein, es sei denn, man hat selbst vergleichbare Erfahrungen gemacht. Das Ergebnis von dem Versuch, kleine Ansätze der Thematik im Freundeskreis oder in einer wohlwollenden Runde anzusprechen, bestimmte durch die Reaktionen der Zuhörer lange Zeit mein weiteres Verhalten. Ich verzichtete auf tiefer gehende Äußerungen. Jahrzehntelang sprach ich die Erlebnisse, die mein Leben so entscheidend geprägt hatten, überhaupt nicht mehr an. Ich war sowieso schon ein eigenartiger Vogel in den Augen vieler Menschen. Mir erschien das Risiko, nun noch ganz an den

Rand zu rutschen, zu groß. Ich wollte mich nicht lächerlich machen. Außerdem waren mir die Inhalte viel zu wichtig, als dass ich sie zur Diskussion stellen wollte mit Menschen, denen solche oder vergleichbare Erfahrungen nicht nur gänzlich fehlten, sondern die für sie puren Unsinn darstellten. Es war für meine Gesprächspartner die reine Phantasiewelt eines Spinners, der sich wichtig machen wollte oder einen LSD flashback hatte. Zwar brach ich mein Schweigen gelegentlich, weil ich immer wieder darauf hoffte, dadurch jemanden zu treffen, dem Gleiches widerfahren sein könnte. Es musste doch irgendwo noch andere Menschen geben, die ebenfalls eine Nahtoderfahrung gemacht hatten. Ebenso musste es doch jemanden geben, der tiefe meditative Versenkungserlebnisse bis hin zur Erfahrung der völligen Leere kannte und damit auch wusste, was das alles mit sich bringt. Mit solchen Menschen wollte ich mich austauschen. Die sechziger Jahre, die Siebziger, die Achtziger, die Neunziger vergingen. Ein neues Jahrtausend brach an. Niemand hatte sich mir bisher offenbart. Obwohl ich 2008, 2014 und 2017 in meinen Büchern die Thematik streifte, geschah nichts in dieser Hinsicht. Vier Millionen Deutsche haben nach einer Hochrechnung der TU Berlin bereits einmal im Leben eine Nahtoderfahrung gemacht. (S.24, welt der wunder, 9/17) Inzwischen erscheinen Bücher darüber und es existieren zu-

nehmend wissenschaftliche Studien. Mit Meditationstechniken haben unzählige Menschen Erfahrungen ge-
sammelt. Keiner von den erfahrenen Mitmenschen, die
ich traf und mit denen ich Gespräche über ihre eigenen
Erfahrungen führen konnte, kannte sich mit meinem Erlebnis aus. Obwohl in meinem weiteren Lebensverlauf
unzählige Bücher von tiefen Meditationserfahrungen
und ihren Folgen berichten, begegnete mir leider bis
zum heutigen Tage kein Mensch, mit dem ich meine Erfahrungen austauschen konnte. Aber es gibt euch sehr
zahlreich, Freunde.

Bevor ich damit begann, dieses Büchlein zu schreiben,
habe ich ganz bewusst keine Bücher zum Thema der
Nahtoderfahrungen gelesen. Die ganzen langen Jahre
habe ich befürchtet, dass meine Erinnerungen sich mit
dem Gelesenen vermischen würden. Zuerst wollte ich
meine Erlebnisse unbeeinflusst durch andere Schilderungen zu Papier bringen. Danach wollte ich mich der
Literatur zum Thema zuwenden. Davon gab es allerdings in den siebziger Jahren nicht viel. Mir waren nur,
ohne dass ich etwas gelesen hätte, Elisabeth Kübler-
Ross und Raymund Moody bekannt geworden. Ich habe von 1978 bis 1981 zu den Auswirkungen meiner 2.
Nahtoderfahrung sehr viele Aufzeichnungen in Form eines Tagebuches gemacht. Als ich 1982 einen Sohn
bekam, habe ich dann 1983 diese Aufzeichnungen ver-

nichtet, weil ich die Kräfte meiner innerlichen Ausrichtung der Verantwortung meiner Vaterrolle zuwenden wollte. Meine bewusste Entscheidung entwickelte in mir ein neues Zentrum, sodass sich meine Kräfte sinnvoll fokussieren konnten. Ich kreiste nicht mehr so intensiv um die Phänomene der Nachwirkungen des Nahtoderlebnisses, statt dessen setzte ich Teile von ihnen praktisch in der Bewältigung des Alltags als sehr häufig allein erziehender Vater ein.

Ich habe mich nun viele Jahre nach den Ereignissen entschlossen, den Versuch zu wagen, meine Erlebnisse so gut zu beschreiben, wie es mir möglich ist. Zum Ersten ist es für mich persönlich ein weiteres Hilfsmittel damit umzugehen, ein Verarbeitungsweg. Zweitens hoffe ich dadurch, die Menschen zu erreichen, die meine Erfahrungswelt teilen. Ich hoffe, sie bewegen zu können, sich mit mir über unsere Erfahrungen auszutauschen. Ich möchte sogar noch weitergehen. Es soll nicht nur beim Reden bleiben. Viele unserer globalen Gesellschaften benötigen dringend einen neuen Blickwinkel, einen neuen Ansatz, ein neues Bewusstsein. Nahtoderleben und tiefe Versenkungserfahrungen bringen zwangsläufig ein anderes Bewusstsein mit sich. Ein Bewusstsein des Zusammengehörens, des Eins-Seins aller Existenz. Ein Miteinander-Bewusstsein. Dieses Bewusstsein schlummert in jeder Seele und erwacht, wenn es angeregt wird. Der Impuls des Anregens ist zu meinem Beruf geworden. Jeder allein kann etwas bewirken, aber viele gemeinsam regen nachhaltiger einen Wandel an. (siehe auch S.102, Der Maharishi Effekt)

Würde gewinnt man nicht durch Erfolg und Leistung, sondern nur durch das Finden und Leben der individuellen Wahrheit. (Zitat: Klappentext, Hans-Joachim Maaz, Hilfe! Psychotherapie, C.H. Beck, 2014)

Einleitung

Ich war vier Jahre alt im Jahre 1959 und erfuhr mein erstes Nahtoderlebnis. Acht Jahre später, im Jahre 1967, befand ich mich von sieben Uhr morgens bis achtzehn Uhr spätnachmittags spontan in einem tiefen Versenkungserlebnis. Neun Jahre später, wir lebten im Jahre 1978, durchlief ich mein zweites Nahtoderlebnis.

Wie berichte ich anderen Menschen über ein Nahtoderleben oder eine sehr tiefe Versenkung? Solche Erlebnisse kann ich nicht im Ansatz mit Worten schildern. Die Tiefe, die Ausmaße und Vielschichtigkeit, die Zeit- und Raumlosigkeit oder die Bezugslosigkeit in solchen Momenten sind stumm aber angefüllt mit allem, was es je gegeben hat, gerade gibt und jemals geben wird. Das Erlebte findet keine passenden Worte, weil dafür noch gar keine Worte existieren.

Ein vierjähriges Kind, das sich in der Entwicklung befindet, erlebt alles mit einer ganz besonderen Intensität und intensivsten Aufmerksamkeit. Es verarbeit unglaublich viele Informationen in einer immensen Geschwindigkeit und etabliert diese Informationen zu Erfahrungen, Folgerungen und Fähigkeiten. Ein Kind öffnet sich total, vertrauensvoll und voller Zuversicht, und es ist zutiefst von den Daseinsphänomenen beeindruckt. Es lernt schnell und nachhaltig. Kinder lernen immer, ununterbrochen. Bei der Geburt des Menschen verfügt das Gehirn über die vollständige Zahl an Nervenzellen. Die Verbindungen der Nervenzellen, Synapsen genannt, eines vierjährigen Kindes sind etwa doppelt so hoch wie bei einem Erwachsenen. Im Gehirn eines erwachsenen Menschen befinden sich 100 Billionen Synapsen, die die Grundlage des Lernens bilden. Ein vier Jahre altes Kind verfügt also über ca. 200 Billionen Synapsen. Die genetischen Anlagen des Menschen legen nicht fest, wie sich die Nervenzellen im sich entwickelnden Gehirn miteinander vernetzen. Die Erfahrungen und Anregungen des Kindes führen entweder zu einer Stabilisierung und Erhaltung von bereitgestellter Nervenzellvernetzung, oder zu einer Verkümmerung von Verbindungen.

Etwa bis zum siebten Lebensjahr ist ein Menschenge-
hirn wie ein sehr fruchtbarer Boden. Die Kommunikation zwischen linker und rechter Gehirnhälfte eines Vierjährigen verbessert sich und führt zum logischen und
analytischen Denken. Das menschliche Gehirn ist für
das Lösen von Problemen optimiert. Es entwickelt sich
anhand der in sozialen Beziehungen gemachten eigenen Erfahrungen. Die wichtigsten Erfahrungen für eine
gute Entwicklung des Kindes hin zu einem sich entfal-
tenden Vertrauen in sich, die Welt und in das Leben
sind Schutz, Nähe, Wärme und Geborgenheit. Diese
Grundlagen bringt es in der Regel aus dem Mutterleib
bereits als Verankerung im Gehirn mit und sucht sie in
seiner Umwelt zu bestätigen.

Wie ich mich als Vierjähriger ohne eine Nahtoderfahrung entwickelt hätte, weiß natürlich niemand. Wovon
ich persönlich aber ausgehe ist, dass das Erlebnis genauso *normal* von mir aufgenommen und verarbeitet
wurde, wie alle anderen Erlebnisse in dieser Zeit. Ich
fiel z.B. vom Baum, blieb bewusstlos liegen und erwachte im Krankenbett der Notfallstation. Ich wurde zu-
sammengeschlagen und auf die Krankenstation gebracht. Ich stürzte von einer Klippe und lag, als ich erwachte, im Behandlungsraum des Kurheims, in dem ich
aufwuchs. Es war immer der gleiche Ort, es waren wie
immer die gleichen Ärzte und Schwestern, die mich be-

grüßten, auch nach dem drohenden Ertrinkungstod und der erfolgreichen Wiederbelebung. Es gab Ähnlichkeiten für mich im Erleben dieser Unfälle und dem Nahtodereignis, aber auch einen ganz gravierenden Unterschied zwischen diesen Ereignissen. Das war erstens während des Erlebens des nahen Todes meine *bewusste* Wahrnehmung der Abläufe in der Bewusstlosigkeit. Das Dabeisein, das es bei den anderen Unfällen so nicht gab. Zweitens war es die sensibilisierte Wahrnehmung in den Jahren nach diesem besonderen Erlebnis. Als Vierjähriger bemerkte ich die Besonderheit nur an der Reaktion der Erwachsenen über meine Äußerungen und Verhaltensweisen, die ich natürlich für vollkommen selbstverständlich und gänzlich normal hielt. Den Erwachsenen kam aber vieles als übertriebene kindliche Phantasie vor, anderes brachte sie sehr auf, weil es ihre *Doppelzüngigkeit* betraf, die ich kindlich naiv direkt ansprach, indem ich Dinge sagte wie: *„Du hast gerade gesagt, dass du von der Arbeit aus der Werkstatt kommst, aber du hast daran gedacht, dass das gar nicht stimmt, weil du ja in der Kantine warst und ein Bier bei Onkel E. getrunken hast, obwohl du Tante S. versprochen hast, nicht mehr so viel Bier zu trinken. Du trinkst aber in Wirklichkeit mehr Bier als vorher.“*

„Blödsinn", war die wie aus der Pistole geschossene Antwort, „das kannst du Rotzlöffel doch gar nicht wissen." Stimmt ja eigentlich, denn ich war ja nicht dabei gewesen, aber ich wusste es, denn die Gedanken von Onkel R. sagten es mir und ich sah ihn förmlich vor meinem geistigen Auge in der Kantine stehen und mit Onkel E. Witze reißen und drei Flaschen Bier trinken, weil seine Gedanken mir dieses Bild erzeugten. Ich sah und fühlte es einfach über seine Gedanken und hielt es für selbstverständlich, das es so war.

Bei allen vergleichbaren Situationen wurde meine Wahrnehmung von anderen Menschen häufig geleugnet und als kindliches Dummgequatsche lächerlich gemacht, sodass ich vorsichtiger mit meinen Äußerungen wurde. Ich verlor mein kindliches Mitteilungsbedürfnis und die spontane natürliche Reaktion auf Gesagtes oder Getanes von anderen Menschen um mich herum. Ich wurde verbal sehr viel ruhiger, innerlich aber war ich hochgradig aktiv. Ich traf meine eigenen Entscheidungen und handelte zunehmend danach, trotz Verboten und harten Strafen bei Missachtung. Das kümmerte mich entweder nicht besonders, oder aber ich spielte das Spiel solange mit, bis ich meinen eigenen Weg gehen konnte. Dieses Verhalten entwickelte sich in der Zeit nach dem ersten Nahtoderleben im Jahre 1959 sehr schnell und ging so weit, das ich meinen Vater zurückschlug, wenn er mich, wie so oft, verprügeln wollte. Voraussetzung war allerdings, dass seine ersten

Schläge mich verfehlten, sodass ich noch auf den Beinen war.

TEIL 1
Die Ereignisse

Kapitel 1

Nah – Tod – Erlebnis.

Was ist das? Erlebe ich etwas Reales? Bin ich dem Tod wirklich nahe, oder spielt mein psychosomatisches System verrückt und gaukelt mir etwas vor? Wie nahe bin ich dem Tod? Habe ich vielleicht schon die Grenze zwischen dem Leben und dem Tode überschritten gehabt, und wenn ja, wie kommt es, dass ich noch lebe? Wenn ich die Grenze nicht überschritten habe, warum nicht? Gibt es wirklich eine Grenze oder nur ein Hemmnis? Bin ich vielleicht im Vorzimmer des Todes, wo er mich warten lässt? Wenn er heute keinen Termin für mich frei haben sollte, dann lässt er mich einfach erst mal wieder nachhaus gehen? Wann ist mein nächster Termin? Viele Fragen können sich zwangsläufig auftun. Und noch wesentlich mehr, wenn man dieses Erlebnis selbst nicht hatte.

Jahrzehntelang habe ich mich beim Thema Nahtoderleben öffentlich, auch unter Freunden, zurückgehalten. Das hatte triftige Gründe.

Ich erlebte den Tod sehr nah in den Jahren 1959 und 1978.

In der Gesellschaft war das Thema tabu, egal, ob ich meinem Umfeld davon erzählte oder Ärzten, die ja als Fachleute hätten gelten müssen. Ganz besonders schwierig wurde es dann, wenn ich die *Nebenwirkungen* schilderte, die ja nicht nur direkt während des Geschehens und kurz danach auftreten, sondern den Grenzgänger, wie ich einen Nahtoderlebenden auch manchmal gern nenne, sein ganzes Leben lang begleiten.

Es war im August 1978. Ich saß meinem Hausarzt in Köln Kalk etwas zögerlich gegenüber. Ich war ziemlich unsicher bis verstört. Eigentlich kein Wunder, bei dem, was ich ihm zu erzählen hatte. Wie sollte ich nur anfangen, ihm meine Problematik zu verdeutlichen? „Na, was haben wir denn?" lächelte mich mein Hausarzt an. Ich mochte ihn, fand ihn sympathisch. Er strahlte Menschlichkeit aus.

Ich legte einfach frei Schnautze los, bis er mich nach einer halben Minute unterbrach. Den Blick auf seinen alten, breiten Schreibtisch gerichtet sagte er gewichtig und unmissverständlich: „Warten Sie bitte einen Moment, Herr Thalheim, wenn Sie jetzt in dieser Weise weitererzählen, dann sehe ich mich leider gezwungen, Sie nach Merheim einzuweisen." Ich verstand sofort, was er damit zum Ausdruck bringen wollte, und verwies auf meine ihm schon bekannten ständigen Kopfschmerzen, die wohl zu meinen eigenartigen Irritationen geführt haben müssen. Naja, und Kopfschmerzen zu behandeln, das ist ja kein Ding für einen Hausarzt. „Das kriegen wir schon hin, Herr Thalheim, Sie nehmen ein oder zwei Tabletten, und die Welt sieht schon wieder anders aus. Oder was denken Sie?" „OK", sagte ich knapp, „danke, hoffentlich bis nicht so bald." Ich nehme eigentlich nie Kopfschmerztabletten, aber das war ihm wohl entfallen, schließlich war ich nicht sein einziger Patient.

Kopfschmerzen sind ein dankbares Thema. Ich hing auch schon am EEG deswegen, aber die zwei Geräte zeigten so ungewöhnliche Ausschläge, dass sie kurzerhand für nicht richtig in Takt erklärt wurden und ich wieder nachhaus geschickt wurde. „Wenn es nicht besser wird, kommen Sie noch mal vorbei", sagten die beiden etwas ratlosen Herren Fachärzte, die sich darüber zu wundern schienen, dass beide EEG´s in ihrem Hause nicht funktionstüchtig sind.

Von meinem Hausarzt, wie auch von den Fachärzten, ging ich mit hängenden Schultern heim. Ich war auf mich allein gestellt, um mit meiner Problematik fertig zu werden. Wie sich mit der Zeit herausstellte sollte das auch so bleiben.

Einige Wochen später ging ich zu meinem Meditationslehrer. Ich war in diesem Jahr von ihm in eine Technik eingewiesen worden, die mich schon seit 1972 interessierte. Er betrieb ein bekanntes Meditationszentrum und gab sich erfahren. Als ich begann, von meinen Erlebnissen und ihren Folgen zu berichten, unterbrach er mich nach einer Minute, um mich an einen Heilpraktiker in Düsseldorf zu verweisen. Er verlor keinerlei Aufmerksamkeit mehr für mein Anliegen.

Was war nun los? Zu dem Ereignis gehören vorläufig zwei Jahreszahlen. Der Ausgangspunkt der Geschehnisse liegt im Jahre 1959. 1978 zeigten sich meiner Ansicht nach auf bestimmte, mir unbekannte Reize Auswirkungen der alten Ereignisse. Es waren 1959 Kanäle geöffnet und Verbindungen geschaffen worden, die die gesamte neuronale Architektur meines menschlichen Konzeptes auf bestimmte Weise ausgerichtet hatten. Aber das war mir 1978 nicht klar, denn die Ausgangsgrundlagen waren ja mein bisheriges Leben und damit eine vollkommene Selbstverständlichkeit. Außerdem war ich gerade 23 Jahre alt. Was wusste ich von Neurowissenschaften. Erst die drastischen Folgen ab 1978 beschäftigten meinen Geist und wiesen mir eine mögliche Richtung.

Aber zum Wesentlichen. Es geht um den Tod und darum, ihm sehr nahe zu sein. Natürlich sind wir dem Tode immer außerordentlich nahe, aber wenn wir schon tatsächlich klinisch tot sind und danach weiterleben, hat sich etwas durch das so genannte Nahtoderlebnis verändert. Nämlich alles in uns. Die Architektur der neuronalen Vernetzung und die Informationsordnung nehmen nach so einem Ereignis einen nicht absehbaren Lauf. Beginnen wir mit dem Jahr 1959.

Kapitel 2

Ich sank wie ein Stein. Die Sonne folgte mir auf den Grund des Meeres. Das geschluckte Wasser wollte mich zerreißen. Ich sprang mit Macht aus meinem Körper und schwebte zwei Meter über der Wasseroberfläche. Ein wundervolles Gefühl. Schwerelos, frei von jedem Ballast. Ich sah zu meinem Vater rüber, wie er damit beschäftigt war, das Boot anzulegen. Er war voll konzentriert. Auf dem Uferweg links vom Strandzugang zu unserer Buhne sah ich eine männliche, mir unbekannte Gestalt derart kraftvoll und schnell auf uns zukommen, dass ich dachte: „Was für eine imposante

Energie von ihm ausgeht." Natürlich dachte ich nicht in Worten, sondern erlebte, empfand, nahm wahr, ohne zu formulieren.

Ich wusste, dass etwas Besonderes geschieht und war dabei sehr gelassen, denn mein Vertrauen darin, dass alles OK ist, war unumstößlich.

Der unbekannte Mann vom Ufer stürzte sich ins Wasser und ich sah zu, wie er mich aus dem tiefen Loch, das die Schiffsschraube des Ausflugdampfers gespült hatte, herauszog. Mein Vater war inzwischen auch aufmerksam geworden und stand ihm zur Seite. Die beiden Männer legten mich auf den Sand und versuchten, mich wiederzubeleben. Mein Vater war Krankenpfleger. Es regte sich nichts bei mir. Entspannt und interessiert beobachtete ich das Geschehen aus der Höhe von etwa zwei Metern über uns. Die beiden aufgeregten Männer trugen mich rennend in den linken Flügel des Haupthauses. Es war eine Strecke von einigen hundert Metern über das Gelände des Sanatoriums, auf dem ich lebte. Das enge Treppenhaus erschien mir erheblich breiter und viel heller, als ich es aus der Erinnerung kannte. Überhaupt befand sich alles in einem angenehm hellen Licht, warm, aber sehr hell. Im Behandlungsraum angekommen, war keiner der beiden Ärzte anwesend. „Onkel K. hat noch sein Haarnetz auf." Ich versuchte meinem Vater klar zu machen, dass Dr. K.

ein Schläfchen macht, aber er schien mich nicht zu hören. Die Oberschwester hatte zahlreiche Menschen auf die Suche nach dem Oberarzt und dem Chefarzt ausschwärmen lassen. Alle um mich herum schienen zutiefst verzweifelt zu sein, obwohl ich ihnen versuchte klar zu machen, dass es mir hervorragend geht. Wenig später als Dr. K. erschien auch Dr. P. im Behandlungsraum und ging Dr. K. zur Hand. Ich schwebte in einer Ecke unter der Decke des Behandlungsraumes und schaute dem Treiben mit dem Wunsch, alle zu beruhigen, zu. Bruno mein Retter, mein versteinerter Vater, Oberarzt und Chefarzt sowie die Oberschwester waren sich nicht so sicher, ob ich noch überleben werde, und falls ja, wie schlimm die Folgen sein werden. Es war doch viel Zeit vergangen inzwischen. Helle Aufregung, tiefe Verzweiflung, unbändige Kraft, kompromissloses Handeln und unerschütterliche Hoffnung umgaben mich. Ich sagte ihnen: „Es ist alles gut. Mir geht es gut. Ich schaff das alles schon, und danach bin ich OK. Warum wisst ihr das nicht?" Es fühlte sich alles für mich leicht, weich und warm an. Es war sehr hell, aber irgendwie watteartig gedämpft in diesem weißen Licht, es blendete nicht. Es ging mir glänzend, so, wie nie zuvor.

Plötzlich, von einen auf den anderen Augenblick, zerriss dieser Zustand. Nichts war mehr leicht und weich.

Alles wurde schwer, drückend, zäh, klebrig, unerträglich. Ich war schlagartig in meinem Körper. Ich schwebte nicht mehr. Mit unbändiger Macht wurde ich in meinen Körper hineingezerrt. Ein fürchterliches Gefühl wollte mich schier verbrennen. Unglaubliche Enge und Schmerzen, schreckliches Licht, Gestank, hektische Menschen. Schwer, ich bin so schwer. Ich klebe fest. Ich schrie und krümmte mich.

Ich wollte schnell zurück, dahin, wo ich gerade eben erst gewesen bin. Aber ich war im Kurheim, auf Station, in einem Behandlungsraum, wie schon öfters davor. Nur diesmal war ich nicht mit Stauchungen, Platzwunden oder Schürfwunden hier.

„Du bist beinahe gestorben, aber wir haben dich wieder zurückbekommen mein Junge. Alles wird gut", sagte mir die Oberschwester mit Tränen in den Augen. Sie hatte mich schon oft getröstet, wenn ich mich verletzt hatte oder zu heftig verprügelt wurde. Ich mochte sie sehr, aber diesmal konnte ich ihr nicht glauben. Wie sollte alles denn wieder gut werden nach dem Erleben dieser Welt, die jetzt weg ist? Einer Welt, in der es nur Wohlbefinden, Leichtigkeit, Freude und Wissen gibt. Finde ich sie wieder? Wie kann ich dahin gehen? Wo muss ich sie suchen? Ich will zurück. Die Schmerzen waren entsetzlich. Ich schlief ein.

Bruno hatte meinen Eltern angeboten, dass er sich für die Zeit, die er noch als Patient im Kurheim hatte, um mich kümmern könne, damit mir der Schrecken vom Wasser und dem Gesamterleben ein wenig genommen würde. Meine Eltern willigten ein. Jeden Tag war ich bei Dr. K. zu Untersuchungen, durfte aber auch wieder nachhaus gehen. Es waren ja auch nur wenige Meter bis dahin. Bisher hatten sich noch keine Schäden manifestiert und die beiden Ärzte des Hauses waren der Meinung, dass ich, wie schon häufiger, auch diesmal mit einem blauen Auge davongekommen sei. Allerdings wollten sie mich länger beobachten und machten alles Mögliche mit mir. So durfte ich sogar mit Onkel K. Tennis auf seinem heiligen Platz spielen. Der Tennisschläger war fast so lang, wie ich groß war. Bruno hingegen setzte sich die ersten Tage mit mir tief im Hauptwald des Geländes westseitig an den Waldrand, wo es einen kleinen Durchgang zum Strand gab. Die Jahre danach habe ich diesen Teil des Waldes oft aufgesucht. Heute ist der Durchgang nicht mehr da. Alles sieht jetzt anders aus. Wir saßen im Wald und schauten auf diesen Durchgang, sodass das Meer in weiter Ferne sichtbar war. Bruno war klein und schmächtig. Er hatte kaum noch Haare auf dem Kopf. Ich wunderte mich immer mal zwischendurch, wie er vor einigen Tagen so unglaublich kraftvoll und schnell rennen konnte, um zu mir ins Wasser zu gelangen. Jetzt war er nur noch ruhig und herzlich. Er erzählte mir erstaunliche Geschichten, die ich noch nie gehört hatte. Er spielte Sequenzen dieser Geschichten mit mir nach. Wir saßen ganz still und folgten dem Rauschen des Meeres oder dem Hauch des Windes in den Bäumen. Mal gingen wir auch herum und fühlten den nadelbedeckten oder auch moosigen Waldboden unter den Füßen. Ich lernte alles wahrzunehmen, wie es ist. Ich war sehr glücklich in dieser Zeit, denn alles um mich herum erschien mir einfach nur wunderbar. Bald hatten wir auch den Wald verlassen und uns immer mehr dem Ufer genähert. Hier spürte ich den Sand unter den Füßen und in den Händen, das salzige Wasser auf meinem Handrücken und meiner Zunge. Bald liefen wir ein Stück im Wasser am Ufer entlang. Strand und Wasser wurden wieder meine Freunde, so wie es immer schon gewesen war. Aber die Krebse, die einen so entsetzlich zwicken konnten, blieben Wesen, zu denen ich Abstand halten wollte. Bruno hatte seine Kur nach drei Wochen beendet. Ich war sehr traurig, ihn nicht mehr um mich zu haben. Einen Menschen wie ihn hatte ich noch nicht erlebt. Noch nie hatte jemand so viel Zeit mit mir auf diese Weise verbracht. Noch nie hatte ich so einen inneren Frieden in mir erlebt, wenn ich mit einem Menschen zusammen war. Ich sollte Bruno nie wieder sehen. Als ich viele

Jahre später seine Adresse herausbekommen wollte, um mich bei ihm zu bedanken, war sie nicht festzustellen gewesen, denn es fanden sich keine Aufzeichnungen oder Vermerke mehr.

In der Schule, bei meinem Lehrer H.N. begegneten mir im Religionsunterricht die Geschichten von Bruno wieder. Acht Jahre nachdem ich sie von ihm gehört und schon längst vergessen hatte. Die Übungen, die er mir spielend beigebracht hatte, machte ich ununterbrochen weiter, denn dadurch waren er und die Welt um mich herum mir nah. Und ich mir auch. Seine Geschichten erzählten Buddhas Leben. Meine Übungen waren Achtsamkeitsübungen und Meditationsübungen. Ich mache sie heute noch, 59 Jahre später, und ich werde sie wohl mein ganzes Leben lang machen.

Mein Erleben der Welt nach dem Nahtodereignis war meinem Umfeld nicht zu vermitteln. Meine Schilderungen, wie ich alles wahrnahm und erlebte, gehörten für die Erwachsenen in die Welt der kindlichen Phantasie und wurden im günstigsten Fall nicht beachtet. Zorn machte sich bei ihnen breit, wenn ich ihnen sagte, dass ihr Denken nicht ihrem Gesagten entspräche. Wenn ein Ereignis, kurz nachdem ich es beschrieben hatte, auch stattfand, waren sie meistens irgendwie komisch oder erschienen mir nachdenklich. Oft kam es auch vor, dass ich ein geschildertes Ereignis oder einen Hergang, den jemand schilderte, korrigierte, ohne es selbst erlebt zu haben. Gelegentlich wurde meine Version unter vier Augen sogar bestätigt, immer mit der verwunderten Frage verbunden, wie ich das denn bloß wissen könne. Darauf antwortete ich als kleiner Junge natürlich noch wahrheitsgemäß: „Ich sehe, höre und fühle das." Ich gab mich durch mein Verhalten natürlich oft der Lächerlichkeit preis und hörte bald damit auf. Vor allem aber auch, weil ich für meine Aussagen oft Prügel einstecken musste.

Meine Mutter fand wohl mein Verhalten, ihr mit meinen vier Jahren meine Hände auflegen zu wollen, um ihr zu helfen, wieder gesund zu werden, wenn sie sich verletzt hatte oder krank war, völlig normal, obwohl körperlicher Kontakt oder körperliche Nähe in unserer Familie nicht so üblich waren. „Du hast wohl die Heilkräfte deiner Ururoma Anna geerbt, sie soll ja sagenhafte Fähigkeiten gehabt haben, die müssen ja irgendwo geblieben sein", sagte sie dann völlig ungerührt. Was sie damit meinen konnte, blieb mir in diesem Alter ein Rätsel, war es mir doch vollkommen selbstverständlich so zu handeln und damit Erfolg zu haben. In unsere Welt schien so ein Verhalten aber nicht so recht passen zu wollen, sodass ich sehr schnell begriff, dass es erheblich besser für mich wäre, wenn ich mich zurückhalten würde. Obwohl ich es als sehr schwierig empfand, eignete ich mir dieses Zurückhalten an. Ich fühlte mich als Klaus, den kleinen Jungen, der es nicht abwarten konnte, groß zu werden, so wie es wohl bei den meisten Kindern auch war. Gleichzeitig war da aber etwas in mir, viel mehr als Klaus, der kleine Junge, das mir vermittelte, dass schon alles Wesentliche vorhanden ist.

Das Wahre Leben ist dem Tod viel näher, als es den meisten unter uns bewusst wird. Das Wahre Leben ist ebenso Tod wie Leben, es ist beides zur gleichen Zeit auf verschiedenen Ebenen des Seins. Wir können auf allen Ebenen gleichzeitig existieren und erleben, aber wir wissen und glauben es in der Regel nicht. Deshalb ist den meisten unter uns dieses Bewusstsein verwährt. Deshalb ist die Angst vor dem Tod, vor dem Nicht-Sein, so groß. Niemand scheint zu bemerken, dass das Nicht-Sein für die meisten Menschen das Leben darstellt. Leben ist ein wesentlicher Bestandteil des Todes. Jeder von uns kann in seinem Leben das Nicht-Sein verlieren.

Kapitel 3

Ich hatte die Meditation von Bruno als ein Spiel erlernt. Es gab dabei zwei Komponenten. Erstens: Bei meinem gegenwärtigen Tun bin ich total anwesend. Ich verbinde mich in der Gegenwärtigkeit mit den darin befindlichen Dingen und Zusammenhängen des akuten Geschehens komplett. Vergangenheit und Zukunft fließen als Bestandteile des gegenwärtigen Gesamtzusammenhanges mit ein und bilden den jetzigen Augenblick. Zweitens: Ich begebe mich in eine Ruhehaltung und richte meine Wahrnehmung auf meine Gefühle und Gedanken und ihre Entwicklungen, um sie als Beobachter in ihrer wunderlichen Entstehung, Vielfalt, Wandlung, Bewegung und eigenartigen Inhaltlichkeit zu begutachten. Mit der Betrachtung und Akzeptanz war meine ruhende Aufgabe bereits erfüllt. Der Rest würde von selbst geschehen, sagte mir mein neuer Freund, der mir nicht nur mein Leben rettete, sondern ihm eine Richtung gab. Ein Kinderspiel also, und dieses Spiel bereitete mir eine unglaubliche Freude, sodass ich es bis heute weiterspiele, so wie mir es Bruno gezeigt hat. Es gab Zeiten in meinem Älterwerden, zu denen ich dachte, ich könnte es noch besser spielen. Ich lernte vielerlei Techniken, die interessant waren und sehr fundierte theoretische Hintergründe aufzuweisen hatten. Aber ich hatte bereits als Kind alles, was nötig war, zur Verfügung. Das zeigte sich sehr eindrucksvoll im Jahre 1967, im Alter von zwölf Jahren.

Kapitel 4

In einem noch jungen und dichten Wäldchen nahe bei meinem Dorf hatten mein Freund und ich eine Bude aus Strandholz gebaut, die wir zum heimlichen Rauchen und zum Pokern nutzten. Jeden Morgen rauchte ich hier vor dem Beginn der Schule eine Zigarette. Auch am diesem Maitag 1967 war das so. Es war sieben Uhr, als ich mich auf die selbstgezimmerte Bank, ein Brett auf zwei Kanthölzern, setzte und mich an der Budenwand anlehnte. Die Sonne schien durch die Zweige und gab allem einen prächtigen Glanz. Die Vögel führten angeregte Gespräche miteinander. Angenehme Wärme umgab mich. Ich verspürte ein wohliges Gefühl und hatte eigentlich nicht die geringste Lust, in die Schule zu gehen. Aber es musste ja nun mal sein, und ich hatte natürlich vor, so wie immer, mich gleich nach der Zigarette auf den Weg zu machen. Ich entzündete meine Zigarette und ließ mich mit geschlossenen Augen auf meine Umgebung ein.

Als ich wieder bei Sinnen war, hatte sich das Licht um mich herum eigenartig verändert und das Vogelgezwitscher klang ungewohnt für diese morgendliche Zeit. Angelehnt an die Budenwand hielt ich den angekokelten Filter der Zigarette in der linken Hand. Ihre Asche lag fast in vollständiger Länge kompakt auf dem Waldboden. Ich fühlte mich eigenartig leicht und total glücklich, irgendwie ausgedehnt und angenehm erfüllt von der Welt. Jetzt musste ich mich aber auf den Weg zur Schule machen. Ein Blick auf die Uhr. Es war sechs Uhr. Sechs Uhr? Da war ich aufgestanden. Wie kann es jetzt sechs Uhr sein? Um sieben hatte ich mich hier hingesetzt, um 7.30 Uhr sollte die erste Stunde anfangen. Ich geriet durcheinander und es dauerte einen Moment bis mir halbwegs klar wurde, dass ich von morgens 7.00 Uhr bis abends 18.00 Uhr, also 11 Stunden, hier reglos gesessen hatte. Deshalb auch das andere Licht, der intensivere Geschmack der Luft und die veränderten Vogelstimmen. Unfassbar. Wie war das möglich? Wie ist das geschehen? Warum weiß ich nicht, was in diesen elf Stunden passiert ist? Eine Erinnerung an irgendetwas in dieser Zeit hatte ich nicht. Es klaffte ein Loch. Ein Riesenloch von ganzen elf Stunden. Ich war zutiefst berührt, irgendwie erschrocken, aber ohne Angstgefühl. Schließlich war ja alles nicht nur gut, sondern ich fühlte mich viel besser als sonst. So hatte ich mich noch nie gefühlt, oder doch? Mir kam es so vor, als wüsste ich auf einmal, wie die Welt funktioniert. Worte fand ich dafür nicht, es war mir einfach klar geworden. Gewundert habe ich mich darüber nicht. Es schien mir selbstverständlich zu sein. Viel wichtiger war mir mein unbeschreibliches Wohlbefinden. Es war so umfassend, tiefgreifend und mitreißend, dass ich sofort beschloss, mich morgen früh hier wieder einzufinden, um das Ganze noch einmal zu erleben. Scheiß auf die Schule. Zuhaus erzählte ich meiner Mutter natürlich nichts von der ganzen Aktion, schließlich wollte ich sie morgen wiederholen. Meine Mutter hätte mir solche Flausen sofort austreiben wollen, obwohl sie immer sehr viel Toleranz gegenüber meinen, aus ihrer Sicht, manchmal haarsträubenden Aktionen hatte.

Ich war um Punkt sieben Uhr des nächsten Tages bereit. Die gleiche Zigarettenmarke. Die gleiche Position. Leider keine Sonne. Es klappte nicht. Muss an der Sonne liegen, auch die Vögel waren anders drauf. Ich ging zur Schule.

Nächster Tag. Das gleiche Spiel. Die Sonne war da, na endlich. Nichts passierte.

Nach endlosen Versuchen gab ich enttäuscht auf. Ich beschloss eine Pause einzulegen, nachzudenken, um dann mit hoffentlich den richtigen Erkenntnissen zum Erfolg zu gelangen.

Mit diesem Erlebnis begann dann ab Mai 1967 ein langer Weg theoretischer Studien und praktischer Erfahrungssammlung. Eine sehr intensive Zeit begann, in der ich alles las, was ich bekommen konnte, und von dem ich annahm, dass es zu meinem Thema und meinen Fragen passen könnte: Grundlagen tibetischer Mystik, das Tibetanische Totenbuch, I Ging, Tao Te King, das große Buch des Okkultismus, zahlreiche Bücher von Sigmund Freud, Alfred Adler, Breuer, C.G. Jung und viele mehr. Ich begann am Ende der sechziger Jahre Yoga und unterschiedliche Meditationstechniken auszuprobieren. Ich lernte Hypnose. Dann folgten die Experimente mit Haschisch und LSD, später der Alkohol.

Ich fühlte mich sehr allein bei der Suche nach Antworten, denn wer auf einer kleinen Insel mit knapp zehntausend Einwohnern sollte mir schon mit Rat und Tat aus eigener Erkenntnis und durch intensive praktische Erfahrung zur Seite stehen, einem zwölfjährigen Jungen, der den Hauch des Todes spüren durfte und jetzt noch ein tiefes Versenkungserlebnis hinter sich hatte. Wenn jemand da gewesen sein sollte, so ist er mir damals leider nicht begegnet.

Die Versenkung entstand abrupt, ohne eine bewusste Überleitung. Sie war sofort vollständig, sodass keinerlei Gedanken oder Gefühle während dieser elf Stunden auftraten. Es herrschte vollkommene Zeitlosigkeit, Raumlosigkeit, Bezugslosigkeit. Komplette Leere des üblichen, plappernden Geistes. Bewusstlosigkeit und volle Präsenz im Bewusst – Sein. Ich war alles und nichts geworden, gleichzeitig.

Dann folgte das genau so abrupte Zurückkommen-ins-normale-Dasein. Dies geschah wieder ohne eine Übergangsphase. Beide Zustandswechsel waren so wie das Licht auszuschalten, um es danach wieder anzuschalten. Klick, klick.

Das Dasein fühlte sich sofort nicht im Ansatz mehr wie gewohnt an. Mein Lebens-Grundgefühl hatte sich radikal verändert. Der Bezug zu mir und zu allem um mich herum war total anders. Es kam mir allerdings vollkommen selbstverständlich vor, dass es so war. Die Ungewöhnlichkeit war mir aber ebenfalls bewusst. Ich erlebte ein lange vergessenes Glücksgefühl. Tiefste Zufriedenheit und Harmonie bei einem höchsten Wachheitsempfinden und totaler Präsenz und Verbundenheit mit allem überfluteten mich. Die Grenze zwischen dem Ich und dem Du bestand zwar weiter, hatte aber eine durchlässige Komponente bekommen, sodass es mir vorkam, als könnte ich mich in alles um mich herum hineinversetzen. Zwei Ebenen, die grenzenlose und die begrenzte, existierten gleichzeitig nebeneinander. Wunderschön und vollkommen ohne Worte war dieses Erleben. Obwohl ich im tiefsten Inneren klar empfinden konnte, dass ich nach nichts mehr zu suchen brauchte, sondern nur noch leben konnte, traute ich diesem inneren Impuls noch lange nicht. Ich war zwölf Jahre alt und dachte natürlich, dass es noch sehr viel zu entdecken und zu lernen geben würde. Es sollte noch viele Jahre dauern, tiefstes Vertrauen zu etablieren und meiner Intuition rückhaltlos zu folgen.

Einige Zeit nach diesem Erlebnis, es war im Januar 1969 und tiefster Winter, wachte ich morgens in meinem Bett auf und sah nichts mehr. Alles war weiß vor meinen Augen. Es war erschreckend. Pure Panik. Die Ärzte hatten keine Erklärung. Die Hölle tat sich auf, ich war blind und keiner wusste, was zu tun ist. Abwarten war die Devise der Mediziner. Sie hatten einfach keine Idee, keinen Schimmer. Die Helligkeit war für mich auch noch sehr unangenehm. Als ich eine Sonnenbrille aufsetzte, stellte ich fest, dass mein Gefühl der Helligkeit gegenüber angenehmer und erträglicher wurde. Also kaufte meine Mutter die dunkelste Sonnenbrille, die sie finden konnte und ich trug sie, Tag und Nacht. Nach kurzer Zeit konnte ich Konturen wahrnehmen und bald auch immer besser meine Umgebung unterscheiden. Nach etwa zwei Wochen war es mir möglich mit der Sonnenbrille auf der Nase wieder so gut zu sehen, dass ich zur Schule gehen und mich normal unter den Menschen bewegen konnte. Ich musste dabei allerdings in Kauf nehmen, für das ständige Tragen der Brille, besonders wenn es dunkel wurde, verarscht zu werden. Ich hatte nur die Erklärung parat, dass ich das helle Licht nicht vertrage, aber was war, wenn es dunkel wurde? Meinen Mitschülern schien der Gedanke, dass ich besonders cool wirken wollte, nahe liegender zu sein. Es dauerte ein ganzes Jahr, bis ich die dunkle Sonnenbrille in eine weniger dunkle Variante umtauschte, um mich mehr an das Licht zu gewöhnen. Meine Mutter machte diesen Vorschlag. Die Situation besserte sich allmählich so weit, dass ich im Herbst 1970 die Brille am Tag immer häufiger abnahm. In der Nacht trug ich sie schon längere Zeit nicht mehr. Die Lichtempfindlichkeit ist bis heute geblieben, sodass ich sogar während des Schreibens dieses Textes am Computer eine Lesesonnenbrille trage. Ich habe zu Lichtverhältnissen und Farben ein angespanntes Verhältnis. In gewisser Weise stehe ich auf Kriegsfuß mit ihnen.

Eine andere Besonderheit, die nach dem tiefen Versenkungserlebnis auftrat, war das für mich erstaunliche und nicht nachvollziehbare Mitteilungsbedürfnis zahlreicher Mitmenschen jeden Alters. Unglaublich viele Menschen traten im Vertrauen an mich heran, um mir ihre intimsten Geheimnisse zu offenbaren. Ich hörte ihnen wie selbstverständlich zu, ohne selbst viel zu sagen. Ich war in den Jahren nach der tiefen Versenkung nicht besonders gesprächig. Ich wollte mit meinen Erfahrungen ja nicht für irre gehalten werden. Deshalb war mir diese Neuigkeit gar nicht so unrecht, denn ich bekam dadurch intensivsten Kontakt zu meinen Mitmenschen und einen tiefen Einblick in ihre inneren Gefühls- und Gedanken-welten. Ich gewann den Eindruck, dadurch ein wenig mehr über das Menschsein im Leben zu lernen und empfand dieses Verhalten vieler Mitmenschen mit der Zeit als ein wertvolles Geschenk. Das ist bis heute so geblieben, allerdings rede ich heutzutage manchmal zu den Inhalten, die mir vermittelt werden, aber nur, wenn es auch gewünscht wird, sonst höre ich weiterhin ein-fach nur zu. Inzwischen passt dieses Phänomen in mein berufliches Tun und ist darin verankert. Es teilen sich mir also weiterhin Mitmenschen jeden Ge-schlechts, jeden Alters, jeden Berufes und jeder Bevöl-kerungsschicht mit. Es ist für mich wie eh und je selbst-verständlich, obwohl ich es wohl nie verstehen werde, aber das ist auch nicht so wichtig für mich. Viel wichti-ger ist für mich, dass ich meine Mitmenschen bis ins tiefste Innere zu verstehen scheine, ich spüre ihre An-liegen, ihre Sorgen, ihre Ängste und höre ihnen gern zu, weil ich weiß, dass es ihnen und mir hilft. Als Reikimeister/Lehrer habe ich die gesetzliche Legitimati-on, Menschen körperlich zu berühren. Das kann eine enorme Erweiterung für die Mitmenschen sein, die sich mir öffnen. Jemand der zuhören, einen körperlich siche-ren Kontakt herstellen kann, und der sich dabei verbal zurückhält, ist für das Abbauen von inneren Span-nungsenergien sehr wertvoll.

Kapitel 5

Ich lag im Hochbett. Es war so gegen 22 Uhr im August 1978. Meine Freundin I. saß direkt unter mir an ihrem Schreibtisch und arbeitete für ihr Studium der Architektur. Die hörbaren Striche auf dem Zeichenbrett beruhigten mich. Wir hatten beide gerade eine schwere Zeit durchzumachen. Nicht untereinander, sondern miteinander. Meine Mutter war akut schwer erkrankt, und ich machte mir sehr große Sorgen. I.´s Vater hatte eine Krebsdiagnose erhalten, die sich nach einigen Tagen als Fehldiagnose herausstellen sollte. Aber so weit sind wir noch nicht. Zuersteinmal erhängte sich I.´s Vater. Er wurde zum Glück noch so rechtzeitig entdeckt, dass er gerettet werden konnte. Ich wollte im August auf die Erzieherfachschule in Köln gehen, hatte aber noch keine Zusage für einen Platz erhalten. Dafür hatte ich einen sicheren Platz auf einer Fachschule in Hannover. Da wollte ich aber eigentlich nicht hin, schließlich wollte ich mit I. in Köln gemeinsam leben, und nicht in einer Fernbeziehung unser gemeinsames Leben aufs Spiel setzen. Meine Zeit der leichten Drogen und von LSD war seit drei Jahren vorbei. Ich hatte gerade einen weiteren ziemlich drastischen Schnitt hinter mir, denn ich hörte auf zu rauchen, trank keine Cola, keinen Alkohol, Kaffee oder schwarzen Tee mehr. Alles hatte ich in erheblichem Maße viele Jahre lang genossen. Bis zu 60 Zigaretten täglich waren möglich gewesen, ebenso wie 1,5 Liter Whisky am Abend beim gemütlichen Schachspiel mit B., danach noch 5 Liter Bier im E.P. Die Meditationsfrequenz hatte ich erheblich angehoben. Ich versetzte mich in die Welt der Anthroposophie, praktizierte Transzendentale Meditation, Hatha-Yoga, Kriya-Yoga, Kundalini-Yoga, Tai Chi Chuan, Schamanenrituale, magische Experimente und die Vipassana-Meditation, die ich als vierjähriges Kind erlernt hatte. Die Intensität war vergleichbar mit der Zeit, die dem tiefen Versenkungserlebnis 1967 direkt folgte.

Ich lag also auf meinem Bett und versuchte, zur Ruhe zu finden, hatte ich doch inzwischen meinen Schulplatz in Köln vier Tage vor Beginn der Ausbildung erhalten, sodass ich früh aufstehen musste.

Die Atmosphäre war enorm dicht in dieser Augustnacht. Ohne irgendwelche Vorzeichen veränderte sich mein Befinden schlagartig. Die Umgebung wurde vollkommen tiefschwarz. Mein übliches Körpergefühl wandelte sich und wurde federleicht. Ich befand mich ganz allein in einem unendlich weiten, grenzenlosen Raum. Pure Leere, absolutes Nichts. Ich fühlte mich im ersten Moment etwas irritiert aber sehr wohl. Getragen. Schwebend. Die Sorgenlast und die Ängste waren kein Thema mehr. Meine Gedanken waren frei, und meine Aufmerksamkeit richtete sich auf den Augenblick. Ich nahm nach einiger Zeit in der tiefen, wohligen Schwärze eine Veränderung war. Zuerst war es ganz in der Ferne ein stecknadelgroßer weißer Punkt, kaum sichtbar, ganz unscheinbar kam er mir vor. Gleichzeitig entstand aus dem ruhigen Schwebezustand, den ich bisher empfand, eine leichte Bewegung in Richtung des weißen Punktes. Ich hatte den Eindruck, dass die Geschwindigkeit der Bewegung sich erhöhte, je größer der weiße Punkt wurde. Der weiße Punkt schwoll gewaltig schnell an. Er wurde zu einem sich immer mehr ausdehnenden, gleißendem, weißem Licht. Zur gleichen Zeit erhöhte sich meine Geschwindigkeit in die Richtung des Lichtes in einer unfassbaren Weise. Eine Hyperlichtgeschwindigkeit. Es kam mir so vor, als würden der weiße Punkt und ich aufeinander zu fliegen. Es konnte nur noch Sekunden dauern, und ich würde in dem weißen Licht, dass inzwischen fast den ganzen Raum ausfüllte, aufgehen. Ich war glücklich, überglücklich nachhaus zu kommen. Das gleißende, sehr angenehme weiße Licht hatte mich noch nicht erreicht, aber schon so tief berührt, dass mich die klare Befehlsstimme, die sagte: „Stop! Du drehst jetzt sofort um. Es ist noch nicht die Zeit", sehr störte. Ich wollte auf keinen Fall umdrehen, obwohl ich wusste, dass es ab einem bestimmten Augenblick kein Zurück gibt. Der Moment war da, und er fühlte sich einzigartig schön an. Ich hatte die Wahl. *Gut, ich geh zurück*. Die Macht, die mich zurückriss war so eindeutig ausgerichtet, dass ich von einem gewaltigen Sog aus dem Lichtbereich in die vorherige Schwärze gelangte, bevor ich es überhaupt so richtig begriff. Die Schwärze war nicht mehr so tief, sondern erschien mir fast so, wie ich sie kannte, wenn ich nachts zum Einschlafen die Augen schloss. Mir fiel dieser Unterschied auf, und ich versuchte mir zu erklären, wie dieser Unterschied zustande kommen könne. Eine Erklärung ist mir nicht bewusst geworden, denn ich glitt mit der Rückkehr in einen außergewöhnlich tiefen Schlaf.

Als ich am nächsten Morgen in meinem Bett erwachte, hatte meine Freundin schon das Frühstück gemacht und mich mit einem Kaffeeduft und den freundlichen Worten: „Frühstück ist fertig", geweckt. Ich war irritiert. Ich lebte. Alles war scheinbar wie immer. Mein Körper fühlte sich wie gewohnt an, nur der Kopf schmerzte und mir war etwas schwindelig. Hatte ich geträumt? Nein, hatte ich nicht, das war eindeutig. Alles geht weiter wie gehabt? Ich stand auf, mein Körper war sehr schwer zu steuern, aber ich kam die Leiter des Hochbettes heil runter. I. sagte in der Küche: „Du hast aber sehr tief geschlafen diese Nacht. Sonst wirst du doch immer noch wach, wenn ich später ins Bett komme. Du hast so friedlich gewirkt. Das habe ich vorher so noch nie bemerkt."

Mir war klar, dass mir erneut ein Leben geschenkt wurde. Allerdings kam ich noch nicht so gut zurecht damit. Alles war durcheinander geraten und ich hatte so große Probleme, dass ich immer nur Kopfschmerzen hatte und sehr schnell überfordert war mit all den Eindrücken. Ich versuchte I. meine neue Welt zu vermitteln, aber es war ein kompliziertes Unterfangen, sodass ich es schnell aufgab und allein mit meinen Erlebnissen umgehen musste. Freunden wollte ich auch nichts erzählen, ich merkte ja, wie abwegig meine Schilderungen wirken mussten. Ich entschloss mich in meiner Not, denn ich hatte Angst, möglicherweise schwer krank zu sein, mich meinem Hausarzt anzuvertrauen. Nach fünf entscheidenden Sätzen unterbrach er mich mit dem Hinweis: „Wenn Sie jetzt so weitersprechen, bin ich leider gezwungen, Sie in Merheim einweisen zu lassen. Gegen die Kopfschmerzen verschreibe ich Ihnen jetzt etwas." Ich erzählte nichts mehr von meinem Kernanliegen, nahm das Rezept und ging. Draußen warf ich es in einen Mülleimer. Es war also amtlich. Normal war ich nicht. Es stellte sich jetzt die Frage, ob ich allein über die Runden kommen werde? Durch die vielen Eindrücke, die mich überwältigten, fühlte ich mich nicht in der

Lage, in die Schule zu gehen. Ich verpasste die ersten sechs Wochen meiner neuen Ausbildung zum Erzieher komplett. Würde ich noch den Anschluss finden? Es war unklar. Die kommende Zeit verbrachte ich mit Radtouren durch Köln und die Natur. Ich schlief sehr viel. Ich war immer allein unterwegs. Allmählich gewöhnte ich mich an mein neues Leben. Ich wurde ruhiger, entspannte mich und traute mir zu, in die Schule zu gehen. Folgende Szene ereignete sich im Unterricht und kennzeichnete meinen Status quo. Die Lehrerin steht vor der Klasse und referiert. Ich sitze an meinem Tisch, zeichne an einem Bild, melde mich, werde aufgerufen, nenne eine Antwort. Ich beachte die Reaktion nicht weiter und verbessere mein Bild. In der Pause kommt die Lehrerin zu mir und sagt: „Sagen Sie mal, Ihre Antwort eben im Unterricht, wie sind Sie darauf gekommen?" „Wie meinen Sie das", fragte ich erstaunt, „Sie haben gefragt, ich habe mich gemeldet und dann geantwortet." „Ich habe die Frage, die Sie richtig beantwortet haben, gar nicht an die Klasse gestellt. Ich habe sie gedacht, aber nicht laut geäußert. Können Sie mir das erklären?" „Das muss wohl so ein eigenartiger Zufall gewesen sein. So was gibt es doch. Kommt schon mal vor", antwortete ich meiner Lehrerin, die sich nachdenklich wirkend wieder zurückzog. Ich dachte: „Verflucht, du musst besser aufpassen."

In den folgenden drei Jahren hatte ich damit zu kämpfen, alle Neuerungen, die mit einem veränderten Bewusstsein zu tun hatten, zu akzeptieren und zu verarbeiten.

Meinen Mitmenschen zu vermitteln, was in mir vorging, war undenkbar. Sie zogen sich von mir zurück, hielten mich für bescheuert, gingen nicht auf mich ein, waren irritiert, hatten Angst. Ich lernte sehr schnell und nachhaltig, mein Erleben für mich zu behalten. Es schien niemanden um mich herum zu geben, dem etwas Ähnliches wie mir geschehen war, und der vielleicht verstanden hätte, was vorgeht. Selbst mein damaliger Meditationslehrer reagierte mit vollkommener Ignoranz. Er gab nur gebetsmühlenartig seine inhaltlosen Standartsprüche, wie es damals für diese Meditationsrichtungsvertreter und deren Anhänger üblich war, von sich, und verwies mich an einen Heilpraktiker, der noch weniger zuhörte, aber dafür Akupunktur einsetzte.

I. trennte sich Ende 1979 von mir. Es war ein Schock für mich, aber ich konnte es verstehen. Wer wollte mit so einem Partner sein Leben aufbauen.

Zeitlebens habe ich mich gescheut, mich meinen Mitmenschen über dieses und auch andere Erlebnisse, und vor allem deren Folgen, mitzuteilen. Ich wollte mich nicht der Lächerlichkeit preisgeben, wollte nicht außen vor stehen. Ich war schon als kleines Kind ein Außenseiter gewesen. Das wollte ich nicht, aber es war so, und es machte den Eindruck, dass es auch immer so bleiben würde.

Auch jetzt scheue ich mich noch davor, wenn ich hier sitze und schreibe. Ich habe noch nicht über die *Nachwirkungen*, die bis heute ihre Wellen schlagen, berichtet. Ich schiebe es vor mir her. Ich fand einen beruflichen Weg, bei dem meine Eigenheiten ein wichtiger Bestandteil des Tagesgeschäftes und der Zielsetzung sein konnten. Meine jahrelangen Ausbildungen zum Lehrer für Tai Chi Chuan, Qi Gong, Meditation und Reiki ermöglichten es mir, mich in die Gesellschaft einzufügen und meine sich etablierenden Errungenschaften unauffällig einfließen zu lassen und zu nutzen. Klar, der Beruf ist exotisch, aber akzeptiert. Die Gesellschaft ordnet mich schon seit langem der Esoterikszene zu, obwohl ich mich ihr weder zugehörig fühle, noch einige Aspekte ihrer Entwicklung bis in die heutige Zeit hinein gut heiße. Inzwischen wird diese Szene großenteils wieder abgelehnt, milde belächelt, aber einige Inhalte stellen für zahlreiche Menschen anregende, hilfreiche Alternativen dar. Mir hat sie seit dem Ende der siebziger Jahre Deckung geboten, eine Art von Versteck. Ich konnte vorsichtig agieren und immer ein wenig mehr einfließen lassen von dem, was aus meiner Welt kam. Wenn ich jetzt über die Nahtodfolgen und die Folgen tiefer Versenkungserlebnisse zunehmend spreche, haben viele Menschen schon von solchen Dingen gelesen. Ihre Bewertungen sind natürlich schwierig, da sie in der Regel theoretisch und konditioniert sind. Ich laufe auch heute noch Gefahr, abgelehnt zu werden, wenn ich rückhaltlos über meine Erfahrungen und mein Erleben erzählen würde, und deshalb bin ich sehr zurückhaltend.

Kapitel 6

1978 stellte ich die Meditationspraxis im Sitzen vorläufig ein. Ich hörte vollkommen auf. Ich zog so zu sagen die Notbremse. Das war sehr ungewohnt, da ich seit 1959 aktiv meditierte. Das achtsame im Moment-Sein konnte ich nicht einstellen. Es war meine Lebensweise, die sich etabliert hatte. Sie wurde durch die auftretenden Phänomene nach der Augustnacht 1978 sehr stark herausgefordert, denn ich hatte viele Augenblicke, in denen ich mir wünschte, einfach nur normal sein. Ich war es scheinbar nicht, so genau konnte ich das nicht einstufen. Innerlich formten sich Empfindungen und Gedanken aus, die mir nicht zu mir zugehörig erschienen.

Was passierte? Eigentlich sind die prägnanten Worte schnell geschrieben, was alles mitschwingt, wird niemals verbal zu vermitteln sein. Das kann nur erlebt werden. Ich spürte das Eins-Sein und lebte darin. Die Trennung zu allen Seinsformen war aufgehoben. Ahnungen, Impulse, Gespür, Intuition, Kreativität wurden die Basis, das neue Fundament der Wahrnehmung und Beziehung zu etwas oder jemanden. Oft habe ich aus Misstrauen meiner neuen Ausrichtung gegenüber nicht nach meiner Intuition gehandelt, oder ich wollte es einfach nicht. Ich wollte das alles nicht. Es sollte verschwinden. Ich kannte die Gedanken anderer Menschen. Ich durchdrang das tiefe Wesen eines Menschen. Ich kannte, ich erkannte, ich verstand ihn. Viele zukünftige Dinge waren mir spontan bewusst. Ständig flossen mir verschiedenste Informationen zu, sodass ich Mühe hatte, sie loszulassen, sie einfach fließen zu lassen, damit sie mich nicht beeinträchtigen würden im Alltagsleben, denn das kam leider zu Beginn meines neuen Lebens oft vor. Ich fühlte mich überflutet, regelrecht überschwemmt. Ich nahm Präsenzen neben mir war. Sie waren manchmal schemenhaft erkennbar. Ich erschrak beim ersten Mal sehr, gewöhnte mich aber schnell daran. Ihre Kraft war immens, aber nicht aktivierbar in unserer Erdenlebendimension. Ich fragte sie natürlich nie, was sie wollen, oder wozu sie da sind, ich wusste es. Die Informationen flossen nonverbal zwischen uns. Sie waren bereits in mir und wurden nur durch ihren Impuls, ihre konzentrierte Anwesenheit aktiviert. Eine Sprache schien dazu eher kontraproduktiv zu sein. Ich erkannte unglaublich viele Daseinsebenen und ahnte bald ihren Sinn und Zweck. Ich musste gleichzeitig mit meinen Unsicherheiten und Zweifeln, die immer wieder stark auftraten, umgehen lernen. Es gab keine Gebrauchsanweisung, keinen menschlichen Mentor, keinen Doktorvater, der meine Erkundungen in der Welt der eigenartigen Möglichkeiten wohlwollend und schützend begleitete. Ich musste ganz allein durch Welten schliddern, die ich oft als Hölle empfand. Ich hatte Angst, auf ihrem hauchdünnen Eis einzubrechen und mich irgendwo zu verlieren. Aber die Angst ließ nach. Vertrauen wuchs in mich selbst und insgesamt. Ich lernte mit der Zeit zu integrieren, was sich mir zeigte, sodass ich schon 1980 viel von meinem Potenzial zu nutzen wusste.

Ich verspüre seit 1959 keine Angst vor dem Tod.

Ich habe seit 1959 keine Angst vor dem Leben.

Ich bin einerseits vollkommen allein, andererseits fühle ich mich vereint mit aller Existenz. Es hat sich für mich ein stabiles Fundament entwickelt, auf dem sich mein Leben abspielt.

Mich fasziniert die Existenz eines Bewusst – Seins. Damit meine ich nicht den allgemein umgänglichen Begriff, sondern den Ursprung allen Seins. Bewusst – Sein ermöglicht das Leben, seine Entwicklung, den Wandel und die Möglichkeiten an sich. Es ist für mich das Potenzial, das jegliches Phänomen erzeugt, wandelt, auflöst und neu zusammensetzt.

Für ein vierjähriges Kind ist alles, was es in sich erlebt, eine Art normales und selbstverständliches Wunder. Für einen Erwachsenen besteht die Normalität hauptsächlich aus einer gesellschaftlich geregelten Definition des Bezugs zu einem Daseinsphänomen und der Wiederholung des Umgangs damit nach dieser etablierten Regelung. Größtenteils entwickeln sich daraus automatisierte Bezugs-, Gefühls-, Denk- und Verhaltensmuster. Alle Phänomene, die ich ohne jede Unterstützung integrieren lernen musste, existieren bis heute als latente Kräfte, die jeder Zeit in unterschiedlicher Intensität, Reihenfolge oder Kombination ihre Wirkung zeigen. Ich habe über die langen Jahre gelernt sie geheim zu halten, die Unsicherheit ihnen gegenüber so gut wie ganz zu verlieren und sie als eine Art Geschenk, das ich nie wollte, aber jetzt nun mal besitze, zu akzeptieren. Darüber habe ich sie fast vergessen, so selbstverständlich sind sie inzwischen die meiste Zeit für mich.

Kapitel 7

In diesem Abschnitt versuche ich einen Vergleich der drei Erlebnisse miteinander. Der Einfachheit halber möchte ich die drei Erlebnisse mit NTE1 für das Nahtoderleben von 1959, mit NTE2 für das Nahtoderleben von 1978, und mit TVE für das tiefe Versenkungserlebnis von 1967 bezeichnen.

In den akuten Phasen von NTE1 und NTE2 hatte ich klare, deutliche Wahrnehmungen mit Gedanken und Gefühlen. In der akuten Phase des TVE´s war dies nicht der Fall. NTE1 und NTE2 führten zu tiefsten Glücksgefühlen, zu Empfindungen von Vertrauen, Geborgenheit, angekommen sein, Freiheit, Verbundensein mit allem, zu dem Gefühl alles zu wissen und verstehen zu können, zum Einssein mit dem Seins-Urgrund und zu dem Empfinden unendlicher Liebe während der akuten Phase. Das TVE erlebte ich ohne jeglichen Gedanken und ohne Gefühle. Ein klassisches Erleben, wie es im Alltag vorkommt, oder wie ich es bei den NTE`s erfahren habe, fand also gar nicht statt. Es war reines Sein, sonst kam nichts vor. Als Erlebnis war die Akutphase nicht zu beschreiben. Wenn ich es als das Nichts benennen würde, wäre es etwas, aber das war nicht so. Dieses reine Sein drückte sich erst nach der akuten Phase durch die gleichen Gefühle aus, die bei den beiden akuten NTE´s vorkamen. Das tiefe Glücksgefühl, die Verbundenheit mit allem und jedem, das Gefühl alles zu wissen, Vertrauen ins Leben mit allen seinen Facetten haben zu können, das waren die gleichen Gefühle bei allen drei Erlebnissen.

NTE1 brachte ein Austreten aus dem Körper mit sich, verbunden mit dem Schweben über dem Körper in einem Abstand von etwa zwei Metern. Ich nahm war, dass Dr. K. ein Haarnetz trägt, obwohl er zu diesem Zeitpunkt nicht im Umfeld des Geschehens war. Ich wusste, dass alles gut werden wird, was immer das bedeuten mochte. Das abrupte Eintreten in den Körper war schmerzhaft, ich lehnte es ab, wollte den vorherigen Zustand zurückhaben.

NTE2 spielte sich ab im schwarzen Raum mit Ausbreitung von gleißend, weißen Licht und einer enormen Geschwindigkeit auf dieses Licht hin zu. Es gab eine Stimme, die dringend den Rückzug befahl, (mir aber die Entscheidung überlies) der mit ebenfalls sehr hoher Geschwindigkeit erfolgte. Ein Schmerzempfinden gab es dabei zu keinem Zeitpunkt, nur ein Bedauern ist mir in Erinnerung.

NTE1 fand in einer real lebensbedrohlichen Situation durch einen gerade akuten und nahenden Ertrinkungstod statt.

NTE2 entstand nicht aus einer lebensbedrohlichen Situation heraus. Möglicherweise wurde sie durch die schon länger anhaltende totale Überlastungssituation ausgelöst.

Das TVE entstand in einem entspannten Augenblick während des Alleinseins in der Natur am frühen Morgen. Es gab keine besondere Belastungssituation oder gar eine Bedrohung meines Lebens.

Die Hochgefühle entstanden bei beiden NTE´s während des akuten Augenblicks des Sterbeprozesses. Der Weg in den Tod löste unbeschreiblich schöne Gefühle aus, die im Alltagsleben weder vorher noch nachher in dieser Intensität oder auf eine vergleichbare Art und Weise vorgekommen sind. Die Rückkehr führte zu Verzweiflung und Schmerzen bei NTE1, bei NTE2 kam das Bedauern vor.

Bei dem TVE entstanden die Hochgefühle nach dem akuten Erleben in solcher Intensität, dass ich das Ereignis sofort reproduzieren wollte, damit dieses Gefühlserleben konstant bleiben würde.

Bei allen Ereignissen entstand die akute Phase abrupt, ohne jede Art von Übergang. Ebenso abrupt geschah der Eintritt in den Normalzustand.

Alle drei Erlebnisse brachten sofort veränderte Wahrnehmung und ein verändertes Bewusstsein im weiteren alltäglichen Dasein mit sich. Jedes Erlebnis für sich trug dazu bei, dass sich mein Dasein wahrscheinlich auf ein sich neu bildendes Fundament stellte.

NTE1 trat auf, als ich vier Jahre alt war. Ein intellektuelles Verarbeiten, wie es ein Dreiundzwanzigjähriger zwangsläufig praktiziert, ist natürlich nicht zu erwarten gewesen. Die Integration der Erfahrungen des Nahtodes mit dessen Nachwirkungen geschah nahtlos fließend und prägend auf das neuronale Netzwerk, das Unterbewusstsein, mein gesamtes System. Das Erlebnis prägte die Normalität ebenso, wie jedes andere Erlebnis meine kindliche Entwicklung beeinflusste, nur eben sehr intensiv und nachhaltig, weil es sehr drastisch war, und die Nachbetreuung von Bruno mit den Übungen der Achtsamkeit und Meditation die Informationskanäle offen und aktiv hielt.

Das tiefe Versenkungserlebnis sowie NTE2 wurden mit zwölf Jahren und dreiundzwanzig Jahren durchlebt. Der Intellekt war zu beiden Zeiten aktiv und nahm seinen Einfluss auf die Erlebnisverarbeitung und die Deutung der Nachwirkungen. Dadurch waren der natürliche Fluss der Informationen, die Akzeptanz und die Integration der Bewusstseinserweiterung behindert. Der denkende Geist wollte seine rationalen Erklärungen und hatte Probleme, die subjektiven Erfahrungen mit dem allgemein gültigen Realitätsbegriff überein zu bringen. Die eigene Realität schien in vielen Dingen nun mal nicht der Realität der allgemeinen Vorgaben zu entsprechen. Trotzdem war mein subjektives Erleben eine zwingende Realität. Meine Realität. Das musste ich erkennen, akzeptieren und integrieren lernen, wenn ich ein erträgliches, halbwegs normales Leben führen wollte.

NTE2 kommt nach meiner Ansicht eine besondere Bedeutung zu, denn es lag keine lebensbedrohliche Situation vor. NTE1 und NTE2 sind in vielerlei Hinsicht vergleichbar, aber es gibt auch Unterschiede. NTE1 hatte einen sofortigen Austritt aus dem Körper zur Folge mit einem Schwebezustand über dem Geschehen. Bei NTE2 kam dies nicht vor, dafür aber ein Tunnelgefühl und eine Höchstgeschwindigkeitsbewegung in das gleißende Licht hinein. Dies gab es bei NTE1 nicht. Bei NTE2 kündigte eine für mich hörbare Stimme im vollkommen ruhigen Raum an, dass jetzt die Umkehr ansteht. Bei NTE1 kam dies nicht vor. Ich stelle mir immer wieder die Frage: Warum ist NTE2 überhaupt entstanden? Es gab eine sich kontinuierlich steigernde Stress-Situation in den Monaten davor. Lebensbedrohlich war die Situation wahrscheinlich aber nicht, trotzdem reagierte mein System so, als stände ein Übergang vom Leben in den Tod an, inklusive der Nachwirkungen. Nun, vielleicht habe ich die Situation einfach falsch eingeschätzt, und die ständige Stresslevelsteigerung hatte durchaus ein lebensbedrohliches Ausmaß angenommen, das ich einfach nicht bemerkte. Vielleicht war mein inneres Informationssystem auch durch das NTE1 so ausgerichtet, dass es bei Systembedrohung durch steigende Überlastung auf ein NTE-Programm schaltete. Allerdings befand ich mich zu der Zeit davor durch tiefe Meditationen sehr häufig in inneren Ruheräumen. Vielleicht waren gerade diese Ruheräume aber auch ein ständiges Übertreten der Grenzlinie zwischen den Bereichen, die wir als Leben und Tod bezeichnen. Vielleicht hatten sich diese Grenzen ja durch NTE1 und das tiefe Versenkungserlebnis von 1967 und die jahrelange Meditationspraxis schon längst relativiert, sodass ein NTE auch bei starker Systemüberlastung ohne reale Todesdrohung entstehen konnte. Ich hatte ja schon zeitlebens mit Phänomenen zu tun, die ich einem sensibilisierten Erleben aufgrund dieser Ereignisse von 1959 und 1967 und der regelmäßigen Meditation seit 1959 zuschrieb. War mein System so entwickelt worden, dass ich bewusst und unbewusst Sphären oder Ebenen unbeschädigt betreten konnte, die üblicherweise dem lebendigen Menschen verschlossen sind? Gehörte dazu ein NTE, obwohl ein physischer Tod gar nicht real ansteht? Fragen über Fragen, die mich spätestens seit 1978 überfluteten, obwohl sie auch schon ab 1967 so aufdringlich wurden, dass sie meinen Lebenskern ständig berührten.

Ich habe für mich persönlich durch die Erfahrungen mit den beiden Nahtoderlebnissen und dem tiefen Versenkungserlebnis, sowie mit der späteren Beschäftigung mit der Mystik, dem Schamanismus, dem Taoismus, dem Tantrismus und den Erkenntnissen der modernen Quantenphysik folgende Essenz herausgefiltert, die mein Leben bis heute prägt: *Lasse nichts außer acht. Beziehe alles mit ein, und lasse alles miteinander wirken. Du selbst bist ein sinnvoller, aktiver Teil des Ganzen im Erleben aller Seins-Phänomene, wenn du dich binden und lösen kannst, um dich zu wandeln, und um außer dir selbst, auch alles andere sein zu können.*

Ich möchte hier noch kurz die wissenschaftliche Untersuchung von Harald Piron aus dem Jahre 2003 erwähnen, die sich damit beschäftigte, dass sich Erfahrungen von Meditierenden entlang einer Tiefendimension entfalten. Für mich ist neben den ersten vier Bereichen der 5. Bereich von besonderer Bedeutung, der die Nicht-Dualität mit den Faktoren von Gedankenstille, Einssein, Leerheit, Grenzenlosigkeit, Transzendenz von Subjekt und Objekt betrifft. (siehe S.16/17, Ulrich Ott, Meditation für Skeptiker, O.W. Barth, 2010) Dieser Zustand scheint den befragten Meditationspraktikern mit mindestens zwanzig Jahren eigener Erfahrung und zehn Jahren Lehrtätigkeit nach dieser Untersuchung also durchaus bekannt zu sein. Es ist davon auszugehen, dass der 5. Tiefendimensions-Bereich der Zustand sein könnte, den ich 1967 in der tiefen Versenkung erlebt habe. Wenn ich jetzt die Aussage von Mona-Elise Sy hinzuziehe – *Meditierende benötigen dagegen in der Regel einen langen Atem und empfinden es nicht selten als sehr mühsam, in einen erweiterten Bewusstseinszustand zu kommen; ihre Rückkehr ist dagegen unkompliziert und schnell vollzogen. Sie müssen es nur wollen und ihre Aufmerksamkeit wieder auf die physische Realität fokussieren.* (Zitat: S. 98, Im Spannungsfeld zwischen Wissenschaft und Spiritualität: Nahtod- und Meditationserfahrungen, in dem Buch Nahtod und Transzendenz, Santiano, 2008) – dann muss ich vergleichend feststellen, dass ich persönlich weder Mühe in meinen Meditationen zwischen 1959-1967 kennen gelernt hatte, noch dass ich 1967 in dem tiefen Versenkungserlebnis nach 11 Stunden einen Willen zur Rückkehr in die übliche, alltägliche Sinneswelt verspürte. Diese Möglichkeit gab es gar nicht, denn es gab keinen Impuls in der tiefen Versenkung, weder gedanklich noch in irgendeiner Art und Weise. Es gab schlicht gar nichts. Ich war einfach schlagartig zurück.

Die Meditation, die ich ab 1959 praktizierte, formulierte grundsätzlich keine Zielsetzung. Mein Tun wurde noch nicht einmal als Meditation bezeichnet.

Ich bin der Ansicht, dass eine vorab definierte Zielsetzung bei einer Meditation, mag sie noch so wage oder sogar völlig in den unbewussten Bereich abgewandert sein, ein wahres und tiefes Versenkungserleben verhindern kann. Eine Zielausrichtung und die dazugehörige entsprechende Erwartungshaltung blockieren eventuell die Entwicklung in den freien Bereich des puren Seins. Im Sein ist alles potenziell vorhanden. Es braucht nichts erreicht zu werden, also gibt es kein Ziel und damit auch keine Befürchtung, nicht ans Ziel zu gelangen, denn ich bin immer schon da.

Der Einstieg in den Seins-Zustand der Leere geschieht spontan, ebenso wie der Ausstieg aus diesem Sein. Eine klassische willentliche Beteiligung eines persönlichen *Steuermanns* gibt es in dieser Dimension nach meiner Ansicht nicht.

Ich kann mir vorstellen, dass der Impuls, der den Übergang in die Leere und aus ihr heraus bewirkt, der gleiche Impuls sein könnte, der aus der Singularität heraus die kosmische Welt der Phänomene entstehen ließ.

Diesen Impuls, diese Kraft hat nach meinem Wissen bisher noch niemand identifizieren können. Ob Gott, ob Dao oder Bewusstsein, oder wie auch immer dieser Impuls genannt wird, solche Bezeichnungen oder Konzepte dienen nicht der Klärung der Frage, woher die Motivation kommt, die alles in Gang gesetzt hat. Alle mir bekannten Klärungsversuche haben viel Zeit und Geld verschleudert und eine Höllenmaschinerie entfacht, aber nicht das Geringste zur Aufklärung beigetragen.

TEIL 2
Die Deutung und Verarbeitung

Kapitel 8

Was ich erlebt habe, haben im Laufe der Menschheitsgeschichte Milliarden anderer Menschen ebenfalls erlebt. Entweder konnten sie diese Erlebnisse interpretieren, zuordnen und in ihr Leben integrieren, oder sie hatten ihre Probleme damit. Das ist sicherlich auch davon abhängig gewesen, was der jeweilige Zeitgeist vorgab. Meine Zeit wurde und wird von der Vorstellung dominiert, dass objektives, wissenschaftliches Vorgehen die Fragen der Menschheit beantworten kann. Man geht zurzeit in vielen Kreisen davon aus, dass die meisten Fragen sogar schon zum allergrößten Teil beantwortet sind.

Wissenschaft bezeichnet ein zusammenhängendes System von Aussagen, Theorien und Verfahrensweisen, das strengen Prüfungen der Geltung unterzogen wurde und mit dem Anspruch *objektiver*, *überpersönlicher* Gültigkeit verbunden ist. (Zitat: Wikipedia, 17.1.18)

Neurophysiologische Forschungen, psychologische und psychiatrische Konzepte gehen auch 2018 noch davon aus, dass ein Nahtoderlebnis ein Produkt des Gehirns ist, das vorübergehend in wichtigen Funktionen gestört ist. Das ist die wissenschaftliche Sicht. Klappe zu, Affe tot.

Ich bin allerdings der Ansicht, dass eine Bewusstsein/Unterbewusstsein-Wirkeinheit in einem persönlichen Energie/Informations-Komplex ausschließlich zu subjektiven Wahrnehmungen und Interpretationen in der Lage ist. Ein objektives, überpersönliches wissenschaftliches Arbeiten kann es nicht geben, ist doch der subjektive Ansatz von Idee/Vorstellung, Fragestellung, Beobachtung, Wahrnehmung und Interpretation grundsätzlich nicht in der Lage zur Objektivität und damit zur so genannten Wissenschaftlichkeit. Derjenige, der Wissen schafft, prägt Wissen subjektiv. Da mir bisher nicht bekannt wurde, dass es eine wissenschaftliche Möglichkeit gibt, die Bewusstsein/Unterbewusstsein-Wirkeinheit objektiv und wiederholbar zu beobachten, zu messen oder die Arbeitsweise von Psyche, Geist,

Seele in nachvollziehbaren Daten zu beschreiben, alle diese Werkzeuge aber zur Grundausrüstung wissenschaftlicher Beurteilung und Bearbeitung eines Wissenschaftlers gehören, kann es gar keine wissenschaftlich objektive Arbeit geben. Deshalb sollten wir berücksichtigen, dass wir mit einer Pseudowissenschaft auch nur Pseudoergebnisse erzielen können. Wir betreiben viele *Pseudologien*, und das oftmals mit einer Form der Ignoranz, Anmaßung und Arroganz, dass man sich schon wundern muss. Aber so sind wir Menschen. Was nicht passt wird passend gemacht. Schließlich haben wir es damit weit gebracht, denken wir. Wir sind aber nicht nur so einfältig. Das ist nur eine Variante unserer vielfältigen Möglichkeiten. Zwar kann niemand zurzeit sagen, was Bewusstsein ist, wo es sich befindet, welche Bedeutung es hat, wie es arbeitet, aber der Begriff steht.

Es herrschen zwei Meinungen vor: *Mainstream ist die Ansicht, dass Bewusstsein, Psyche, Geist und Seele ein Nebenprodukt der Gehirnzellenaktivität ist. Die andere Ansicht sagt, dass Bewusstsein, Psyche, Geist und Seele separate Instanzen(Entitäten) sind, die nicht von Gehirnzellen hervorgebracht werden, aber Einfluss auf die Gehirnaktivität nehmen.* (siehe S. 207, Ulrich Warnke, Die Öffnung des 3. Auges, Scorpio, 2017)

Ich neige zu der 2. Ansicht und beschreibe meine Sichtweise für mich so: *Freie Energie/Information befin-*

det sich als ein Aspekt des Bewusst – Seins im absolu-
ten reinen Potenzial und steht in Korrelation (Wechsel-
beziehung) zu unserem persönlichen Ener-
gie/Informations-Komplex (Körper und Bewusst-
sein/Unterbewusstsein-Wirkeinheit), zu dem die Be-
wusstsein/Unterbewusstsein-Wirkeinheit (mit den übli-
chen Aspekten wie Psyche, Geist, Seele) eines leben-
digen Menschen gehört. Unsere Bewusst-
sein/Unterbewusstsein-Wirkeinheit im persönlichen
Energie/Informations-Komplex ist durch ihre dynami-
schen Teilaspekte als Gesamtheit eine aktiv-reaktive
Schaltstelle für Informationsfluss und Kräftewirkung im
Gesamtgefüge des absoluten reinen Potenzials, dem
Bewusst – Sein.

Dabei kann ich mir die Informationsentwicklung unseres persönlichen Energie/Informations-Komplexes durch- aus als Kooperation mit der Quanteninformation außer- halb und innerhalb unseres persönlichen Ener- gie/Informations-Komplexes nach dem Protyposis Mo- dell von Görnitz&Görnitz vorstellen. (siehe S. 135, Frido und Christine Mann, Es werde Licht, S. Fischer, 2017) (auch hier im Buch auf S. 140 im Anhang)

Außerachtlassen sollte man ebenfalls nicht die Kräfte der Gravitation, die elektromagnetische Kraft, die star- ken und schwachen Wechselwirkungskräfte im Atom- kern, das Higgsfeld, die Kräfte der dunklen Materie und der dunklen Energie, sowie die zurzeit noch unbekannten Kräfte, die in Bezug zu diesen Fragen stehen. (siehe auch S.72/73)

Natürlich ist meine Ansicht eine Konstruktion, die ich mir geschaffen habe aufgrund meiner Erlebnisse und der Auseinandersetzung damit. Sie kristallisierte sich zu Worten, die in ihrer einschränkenden Funktion eigentlich nur irreführende Wirkung haben können, denn jeder Leser lässt die Worte durch seinen Filter der persönlichen Wahrnehmung und Interpretation tröpfeln. Selbst wenn dem Leser ähnliche Erfahrungen zuteil wurden wie mir, so führt die Ähnlichkeit nicht automatisch zu ähnlichen Interpretationen seiner Erfahrungen. Er wird ein tiefes Meditationserlebnis oder eine Nahtoderfahrung ganz anders erleben und interpretieren, wie ich es gemacht habe.

Ich bin kein Freund von Begrifflichkeiten wie Bewusstsein, Unterbewusstsein, Psyche, Geist, Seele. Die Interpretationsbandbreite ist enorm, die Aussagekraft schwammig, und der Inhalt ist leer, weil niemand über ihn Bescheid weiß. Aber was bleibt uns übrig, wenn wir uns miteinander verständigen wollen, als Begriffe mit Inhalten anzubieten, die jeder versuchen kann, so zu verstehen, wie sie gemeint sind, auch wenn keiner so genau weiß, was eigentlich gemeint ist.

Das höchste menschliche Gut ist die Klarheit des Geistes. Das Bewusst – Sein.

In diesem Zustand der Klarheit regelt sich alles natürlich und selbstverständlich, das heißt auch, dass der Körper seine Selbstheilungskraft und Selbstentfaltungskraft ungestört einsetzen und zur vollen Blüte bringen kann. Das Verhältnis von Mensch (Ich) und Außenwelt (alles außer mir) ist respektvoll, unterstützend, mitfühlend und gemeinschaftlich. Ein klarer Geist kennt nur die Ganzheit, nicht die Isolation. Ein klarer Geist weiß, dass alles miteinander wirkt um Leben und Entwicklung zu fördern.

Ohne Leben gäbe es nichts. Leben kann nur in der Polarität existieren. Damit etwas existieren kann, muss es wahrgenommen und erlebt werden. Das Wahrnehmende ist nicht das Wahrgenommene, das Erlebende ist nicht das Erlebte. Bewusstsein ist nicht das Bewusst – Sein des absoluten reinen Potenzials. Bewusstsein ist nur eine dem absoluten reinen Potenzial (dem Bewusst – Sein) entsprungene Existenz. Eine lebende Illusion, die als Realität wahrgenommen und empfunden wird. Wäre diese Existenz nicht mehr da, ist sie im absoluten reinen Potenzial aufgelöst. Damit ist sie potenziell geworden, d.h., sie wäre möglich, aber sie existiert nicht. Damit existiert de facto nichts, denn ein Potenzial ist weder eine Energie noch eine definierte Information, noch irgendetwas Sonstiges. Es ist noch nicht einmal ein Nichts. Hier enden Worte, Gefühle, Gedanken. Hier endet alles. Es hat nie etwas gegeben, und es wird niemals etwas geben. Das alles ist ewig, und ewig ist nichts. Deshalb gibt es weder Leben noch Tod.

Allerdings ist das Polaritätsleben, das wir alle führen, wahrnehmen und erleben, ja nicht zu leugnen. Fakt ist ja, dass ich jetzt (30.12.17 – 02:15 Uhr) hier (Köln-Südstadt) schreibe, und Du gerade (Zukunft unbekannt) jetzt dort, wo Du bist (Ort unbekannt), liest. Aber ist das die vollständige Realität eines absoluten reinen Potenzials mit allen seinen Möglichkeiten?

Kapitel 9

Was habe ich mit meinen Erlebnissen angefangen? Was habe ich daraus im Leben gemacht?

Wie schon an anderer Stelle festgehalten, haben sich meine Erlebnisse in meinen Lebensweg ebenso integriert, wie das bei jedem anderen Menschen auch üblich ist. Allerdings waren die Folgen im Umgang mit meinen Mitmenschen, den Tieren, Pflanzen und meiner gesamten Umwelt spürbar, denn ich habe immer auf den Zusammenhang geachtet. Nicht Ich und Du existierten vorrangig, sondern Wir. Ich habe zeitlebens den

Menschen nicht nur zugehört, sondern bin ihnen bis in ihr tiefstes Inneres gefolgt und habe mich zeitweilig darin aufgelöst. In meinen jungen Jahren, etwa im Alter zwischen zwölf und zwanzig Jahren, war das nicht so einfach, da ich mich selbst nicht selten verloren habe. Es dauerte oft einige Zeit, bis ich *mein Ich* wieder eingerahmt hatte, um es gleich danach erneut aufzulösen. Dadurch ist eine Art fließendes Ich entstanden, was mir dann bei meiner Arbeit zugute kam, um das Suigeneris Mentaltraining zu entwickeln, das einen engen, weiten, fließenden und leeren Fokus der Wahrnehmung und Bewusstseinsausrichtung zum Kern hat.

Mir war zeitlebens das taoistische Weltbild, das mir im Jahre 1969 begegnete, sehr nahe. Das Tao (das Unbenennbare) lässt aus sich das große Eine (Taiyi) frei, und aus Potenzialität (Wuji) entsteht im Chaos des Übergangs die harmonische Ordnung (Taiji) der Polarität des Yin/Yang und damit die Welt, wie sie uns erscheint.

Meine tiefen Erlebnisse brachten mir bei allem Gefühl zeitweiliger Isolation aber auch das grundsätzliche Verbundensein mit jeder Existenz bei. Deshalb griff wahrscheinlich das taoistische Weltbild in meinen jungen Jahren bereits sehr tief. Gleichzeitig waren mir durch das Yoga und den buddhistischen Ansatz die mitfühlende Lebensweise, die Achtsamkeit, die Solidarität, die Toleranz und Entdeckerfreude sehr nahe gekommen.

Menschliches Miteinander, und auch das Erleben des Menschen ist immer multidimensional. Aber das gängige Tages-Bewusstsein, wie es die meisten Menschen kennen, kann diese Multidimensionalität nicht wahrnehmen, nicht erleben. Dieses Bewusstsein hat überwiegend einen enorm engen Fokus, der immer nur in der Lage ist, Kleinstausschnitte von Vergangenem zu fixieren. Die Bewusstsein/Unterbewusstsein-Wirkeinheit besitzt umfassendere Möglichkeiten. Aber allein der persönliche Energie/Informations-Komplex ist in der Lage, in der freien Energie/Information als Bewusst – Sein im absoluten reinen Potenzial präsent zu sein. Ein Bewusst – Sein, das weder Energie noch Information bewegt oder formt, sondern potenziell existiert.

Alle Informationen sind innerhalb von jedem Menschen und außerhalb von jedem Menschen immer präsent. Der Zugang zu ihnen geschieht über unsere innere Ausrichtung, die durch eine Anfrage (präzisieren) nach bestimmten Informationen und der Aufnahme von Informationen geregelt ist. Diese Regelung geschieht über die Fokussierung der Ausrichtung.

In meinem Buch NOW habe ich vier Fokussierungen definiert. Den engen Fokus, den weiten Fokus, den fließenden Fokus, kein Fokus (auch leerer Fokus genannt).

Der Umgang mit den Fokussierungen könnte sich beispielsweise folgendermaßen gestalten:

●Ich habe ein Idee oder ein Problem und damit eine bewusste Anfrage an die Informationsganzheit.

●Durch Meditation begebe ich mich in die Leere zwischen zwei Gedanken.

●Die Anfrage lässt in der Leere unbewusst Bewegung entstehen, sodass aus dieser Bewegung ein Informationen tragender Fluss entsteht. Dieser Fluss bezieht sich bereits mit seiner Informationsauswahl unbewusst auf die bewusste Anfrage, die ich zu Beginn formulierte. Der fließende Fokus, der entstanden ist, bleibt vorläufig unbewusst.

●Aus diesem Fluss kann sich ein weiter Fokus bilden, der den Gesamtzusammenhang der Informationen bezüglich meiner anfänglichen Anfrage als Möglichkeit eingrenzt. In mir entsteht eine Intuition, die mein Bewusstsein in diesem weiten Fokus zeitweilig zur Entfaltung belassen kann, um danach gegebenenfalls in den engen Fokus überzugehen.

●Der enge Fokus schneidet Informationen bezüglich meiner Anfrage aus, um sie zu betrachten und zu bedenken.

●Nach diesem Vorgang kann ich das Ergebnis wieder in den weiten Fokus, den fließenden oder den leeren Fokus bringen, um weitere Informationen zu erhalten und zu kombinieren, bis ich ein zufrieden stellendes Ergebnis für mich gefunden habe.

Ein geübter Mensch kann diese Fokussierungen und ihre Flexibilität entstehen lassen, um ihre Eigenheiten zu nutzen. Der Wechsel innerhalb der Fokussierungen kann linear oder sprunghaft stattfinden.

Existiert kein Fokus ist alles an Informationen präsent, aber nicht spezifiziert.

Im fließenden Fokus entsteht z.B. aus dieser Präsenz heraus Bewegung, die sehr viele Informationen bezüglich der Anfrage in diesen Fluss zieht.

Im weiten Fokus wird eine Informations-Gesamtheit bezüglich der Anfrage als intuitive Eingabe präsentiert und intuitiv erfasst.

Im engen Fokus wird eine sehr kleine Informationseinheit bezüglich der ursprünglichen Anfrage ausgeschnitten, die unser Bewusstsein in der Lage ist zu bearbeiten.

Ein fließender Fokus ist ähnlich zu verstehen wie der Moment, der kurz vor dem Einschlafen entsteht. Er ist schwebend mit einem Anteil vom Traum- und einem Anteil vom Wachbewusstsein. Bilder, Gedanken, Gefühle fließen dahin und gestalten sich unkonventionell. Sie sind nicht wie im Wachbewusstsein, dass immer noch durchscheint, sie sind aber auch keine reinen Traumgebilde, weil mein Wachbewusstsein noch involviert ist. Diese Präsenzart entsteht in der Regel aus einem weiten Fokus oder aus einem leeren Fokus, die die Vorstufe dazu sein können. Der fließende Fokus kann in den weiten Fokus zurückgehen, in den engen Fokus springen, oder auch in die Leere der Meditation übergehen. Er kann ebenfalls in den Schlaf wechseln.

Ich verstehe einen fließenden Fokus als Bindeglied zwischen dem leeren Fokus und dem weiten und engen Fokus. Da der Wechsel innerhalb der Fokussierungen linear oder sprunghaft stattfinden kann, und eventuell auch zwei Fokussierungsausrichtungen parallel eingesetzt werden können, ist unsere Aufnahme von Informationen sehr vielschichtig. Dazu kommt die ständige Präsenz aller Informationen, die sich spezifizieren wollen und die auf allen Ebenen, im leeren, fließenden, weiten und engen Fokus gleichzeitig wirken. Wie schon anfangs erwähnt, entscheidet die Ausrichtung der Anfrage und Aufnahme über vollkommen unbewusste Wirkung, intuitive Impulse, zusammenhängende Übersicht oder über eine Ausschnittfixierung.

Meditation und Tai Chi Chuan sind ausgezeichnete Übungsfelder, die uns die unterschiedlichen Fokussierungen nahe bringen.

Ein weiter Fokus ist nicht wie ein enger Fokus auf einen kleinen Ausschnitt wie z.B. die Haltung meines Armes ausgerichtet, sondern auf meine Gesamtkörperhaltung im Raum oder in Bezug zu einer Tätigkeit wie z.B. eine Kiste vom Boden anzuheben. Der enge Fokus kreist um ein Problem. Der weite Fokus nimmt viele Varianten der Sichtweise, der Standpunkte war, und bezieht sie zur Problemlösung mit ein. Der fließende Fokus ist mit brainstorming zu vergleichen. Er lässt jeden Gedanken und jedes Gefühl mitfließen in seinem Wandel, in seiner Bewegung. Themenbezogene weite oder enge Grenzen sind hierbei nur als Potenzial angelegt. Sie sind Möglichkeiten, die mitfließen und sich intuitiv zeigen können. Im weiten Fokus grenzen sich die Möglichkeiten mehr ein, um im engen Fokus punktgerichteter zu sein. Allerdings arbeitet dieses System nicht nach einer statischen Vorstellung. Die Entwicklung der Fokussierungen ist nicht grundsätzlich linear und eindeutig zugeordnet, sondern außerordentlich flexibel.

Der leere Fokus ist das Nichts, oder besser das Sein im absoluten reinen Potenzial.

Der fließende Fokus ist wie Schlaf, Halbschlaf, Tiefen-entspannung, Entspannung.

Der weite Fokus ist der Tiefenentspannung und Ent-spannung ähnlich.

Der enge Fokus im Tages-Bewusstsein greift den Punkt heraus, beleuchtet und bearbeitet ihn.

Wenn ein lockeres Übergangsverhältnis zwischen den Ausrichtungen existiert und wir gelernt haben, die Aus-richtung einzunehmen und miteinander wirken zu las-sen, dann haben wir eine gute Korrelation (Wechselbe-ziehung) zum absoluten reinen Potenzial, zum Quan-teninformationsfeld.

Kapitel 10

Der Mensch ist ein Energie/Informations-Komplex, der sich vom Bewusst – Sein zur Materie entwickelt. In die-ser persönlichen Ganzheit befinden sich alle Bestand-teile in einem ständig wechselwirksamen Austausch miteinander.

Dieser persönliche Energie/Informations-Komplex ist eingebettet im Bewusst – Sein, dem Seins-Urgrund, dem absoluten reinen Potenzial, in dem Information in jeder erdenklichen Art und Weise präsent ist, sich aber nicht spezifiziert.

Der persönliche Energie/Informations-Komplex eines Menschen steht mit dem Bewusst – Sein in einem wechselwirksamen Austauschbezug.

Freie Energie/Information lässt aus dem Bewusst – Sein, dem Seins-Urgrund, einen persönlichen Energie/Informations-Komplex mit seiner persönlichen Bewusstsein/Unterbewusstsein-Wirkeinheit entstehen, welcher alles entwickelt, um einen materiellen Körper zu erschaffen. Das Bewusst – Sein steht auch direkt in ständiger Wechselwirkung mit der Bewusstsein/Unterbewusstsein-Wirkeinheit. Dies ist nötig, um die Bewusstsein/Unterbewusstsein-Wirkeinheit zu stabilisieren, denn sie wandelt sich ununterbrochen, und damit wandelt sich die materielle Erscheinung, also das Körperliche, ebenfalls. Es wandelt sich so weit, bis wir den Wandel als Tod definieren, wenn nicht die permanente Stabilisation durch das Bewusst – Sein stattfinden würde.

Der Mensch ist in gewisser Weise ein in sich geschlossener Kreis, der aber nicht undurchlässig ist, sondern ständig mit einem übergeordneten Seins-Urgrund, dem Bewusst – Sein, dem absoluten reinen Potenzial, wechselwirkt.

So entsteht aus einem absoluten reinen Potenzial die freie Energie/Informations-Ganzheit und die sich daraus ergebenden Möglichkeiten, die vorerst völlig unspezifiziert existieren, das Existenzphänomen eines Menschen, sowie jeglicher Existenz der uns bisher bekannten Schöpfung.

Wenn nun alles aus dem gleichen Stoff entsteht und besteht, so ist auch alles miteinander verbunden und kann aus seinem eigenen geschlossenen Kreis heraus, da er ja durchlässig ist, Informationen aus allen anderen Kreisen beziehen und an sie abgeben.

Das Bewusste ist das Element des individuell Gesonderten, das Unbewusste ist das Element des kosmisch Verbundenen. Auf der Vereinigung der beiden im Weg der Meditation beruht das Prinzip buddhistischer und taoistischer Meditationsvorschriften. Das Unbewusste muss durch die Versenkung des Bewussten gleichsam befruchtet werden, wodurch es ins Bewusstsein erhoben wird und mit dem so bereicherten Bewussten zusammen in eine überpersönliche Bewusstseinsebene eintritt in Form einer geistigen Wiedergeburt. Diese Wiedergeburt führt dann erst zu einer inneren weitergehenden Differenzierung des Bewusstseinszustandes in Form von Gedankenformen sich verselbständigender Art. (Zitat aus: Geheimnis der Goldenen Blüte, S.144, von Richard Wilhelm/C.G. Jung, 1990, Diederichs Gelbe Reihe)

Für meine Vorstellung gehören Bewusstsein und Unterbewusstsein als ganzheitliche Wirkeinheit zu dem persönlichen Energie/Informations-Komplex, der in Korrelation über die freie Energie/Information zum absoluten reinen Potenzial steht. Die Informationen des persönlichen Energie/Informations-Komplexes und damit der Bewusstsein/Unterbewusstsein-Wirkeinheit werden von den Kräften der Gravitation, der elektromagnetischen Kraft, der starken und schwachen Wechselwirkungskraft im Atomkern, dem Higgsfeld, der dunklen Materie und der dunklen Energie, sowie den zurzeit noch unbekannten Kräften beeinflusst und getragen. Die Informationen werden aus dem absoluten reinen Potenzial aktiviert und in der Bewusstsein/Unterbewusstsein-Wirkeinheit spezifiziert, geprägt und dynamisiert.

J.A. Wheeler sagt: Aus der Erkenntnis, dass das Bewusstsein die handelnde Kraft ist, das z.B. ein Elektron existent werden lässt, sollten wir nicht voreilig schließen, dass wir die einzigen handelnden Kräfte in diesem schöpferischen Prozess sind. Wir erschaffen zwar subatomare Teilchen und dazu das gesamte Universum, aber umgekehrt erschaffen sie auch uns. Eins erschafft das andere im Rahmen einer selbstregulierenden Kosmologie.

Wir müssen daher unterscheiden:

Es gibt eine Selbstorganisation der Materie.

Es gibt eine Modulation der Materie durch den Geist.

Es gibt immer eine Modulation der Materie durch Außenenergie.

(Zitat: raum&zeit 205/2017, die Öffnung des dritten Auges, von Ulrich Warnke, S.56/57)

Die Theorie der Mystik besagt: Das Universum habe seinen An-
fang im Bewusstsein genommen. Die feinstoffliche Materie er-
zeugt und leitet die grobstoffliche, aber alle Materie bildet ein
Kontinuum. Je feinstofflicher die Materie ist, desto näher kommt
sie dem, was wir als Bewusstsein bezeichnen. An ihrem fein-
stofflichsten und innersten Punkt (falls es einen solchen End-
punkt geben sollte) können Materie und Bewusstsein nicht
mehr unterschieden werden. Das ist die Lehre der alten Weis-
heitstraditionen.
Schließlich bilden weder Materie noch Bewusstsein einen end-
gültigen Zustand. Beide haben ihren Ursprung in etwas, das
sich jenseits von ihnen befindet, dessen Folge und Ausdruck
sie darstellen und mit dem sie verwurzelt und vereint sind. Die-
se unbekannte Wirklichkeit kann nie zum Objekt unseres Wis-
sens werden. (Zitat: Renée Weber, Alles Leben Ist Eins, S.32, Crotona,
2012)

Nun hat ja jeder Mensch, der nach dem Sinn fragt, oder
danach, was, wo oder wer der Anfang von allem ist, sofort ein Problem mit der Urknall-Theorie als Anfang von
allem, denn es muss ja einen Grund für den Urknall geben und eine Kraft, die dahinter steht, die also vor dem
Urknall bereits existierte. Die moderne Wissenschaft
nennt den Bereich, aus dem der Urknall sich entwickelte, Singularität. Das ist die Einheit von Bewusst-
sein/Materie, verdichtet zu einem winzigst kleinen
Punkt. Die Wissenschaft hat derzeit keine Antwort auf
die Frage: Wer oder was den Urknall in Gang gesetzt

hat, und warum? Die Mystik hat ebenso wenig eine Antwort.

1967 versank ich in eine elfstündige geistige Leere, in der das Bewusstsein wahrscheinlich in eine Ganzheit einging. Der Körper blieb die gesamte Zeit über in der starren Haltung, die ich eingenommen hatte, bevor ich in diese tiefe Versenkung glitt. Mein Körper befand sich in einem *stand by* Zustand, in dem alle Systeme stabil gehalten wurden. Mein Bewusstsein löste sich aus der engen Bindung zum Körper, ohne dass er dabei zu Schaden kam. Ganz im Gegenteil fühlte ich mich nach diesen 11 Versenkungsstunden geistig und körperlich wie neu geboren. Was da geschehen war und warum, kann ich natürlich nicht mit Gewissheit sagen. Es gibt keine eindeutig befriedigende Erklärung. So ist es auch mit den beiden Nahtoderlebnissen, die ich erfahren habe. Offensichtlich ist es aber möglich, sich in feinstofflichen Bereichen zu bewegen, um im Alltagsdasein aus den Erlebnissen in diesen Regionen Information und Kraft zu ziehen, denn so habe ich es erlebt.

Etwa 7,5 Milliarden Menschen leben zurzeit auf unserem Planeten. Jeder von ihnen hat ein einzigartiges, variables, dynamisches und entwicklungsfähiges Bewusstsein in einem aktiven *line on* Zustand. *Line on* meint die aktive Kommunikation von in ihrem Körper lebenden Menschen, also das Senden und Empfangen von Informationen zwischen Individual- und Kollektivbewusstsein der Spezies Mensch untereinander, sowie gleichzeitig den Austausch mit dem absoluten reinen Potenzial. Die *line off* Bezeichnung beschreibt den Bewusstseinszustand, wenn ein Mensch seinen Körper definitiv zurückgelassen hat, und seine Bewusstsein/Unterbewusstsein-Wirkeinheit als Bestandteil der persönlichen Energie/Information mit der Gesamtheit der freien Energie/Information verschmilzt und ein einziges Ganzes bildet, aufgegangen im absoluten reinen Potenzial.

Ein Mensch in tiefer Versenkung oder im akuten Nahtoderleben hat seinen materiellen Körper nicht aufgegeben, aber er hat die alltägliche *line on* Verbindung in die Verschmelzungsvariante, die nach dem Verlassen des Körpers auftaucht, gewandelt, ohne *line off* zu sein. Er hat dadurch mit seinem persönlichen Energie/Informations-Komplex, (dazu gehören der weiterhin lebende Körper und die Bewusstsein/Unterbewusstsein-Wirkeinheit mit ihren Bestandteilen Psyche, Geist, Seele) eine Grenze überschritten. Die Grenzlinie, die wir zwischen Leben und Tod ziehen. In diesem Moment existiert ein *stand by* Zustand, der jede Entwicklungsrichtung enthält. *Line on* kann sich ebenso entwickeln wie *line off,* oder es bleibt weiterhin der *stand by* Zustand. Nahtoderlebende und Menschen in tiefer Versenkung gehen in den *line on* Zustand zurück, bereichert um die Erweiterung ihrer Bewusstsein/Unterbewusstsein-Wirkeinheit im persönlichen Energie/Informations-Komplex.

Wird menschliches Bewusstsein mit Hilfe von Maschinen im *stand by* Zustand gefangen, um in den *line on* Zustand zurückzufinden, so glaube ich, dass unsere heutige Medizin nicht auf eventuelle Bewusstseinsveränderungen des in den *line on* Zustand Zurückkehrenden vorbereitet ist. Der Mensch, der sich eventuell wochenlang in einem *stand by* Zustand befand, kehrt auf gar keinen Fall als der gleiche Mensch in den *line on* Zustand zurück. Das aber nur nebenbei.

Wir sind also durchaus in der Lage, durch den natürlichen Zustand einer echten, tiefen Versenkung ein sich Auflösen im endlos weiten Meer des Eins-Seins mit allen seinen Informationen, die darin enthalten sind, zu erleben, ohne die Notwendigkeit, unseren Körper aufzugeben. Wir erhalten sein Leben, währenddessen wandelt sich unsere persönliche Bewusstsein/Unterbewusstsein-Wirkeinheit in ein universelles, ganzheitliches Bewusst – Sein, jenseits aller Begrenzungen.

Die Phänomene, die nach einer NTE oder einer tiefen Versenkung auftreten können, halte ich für Informationsfragmente oder auch größere Informationszusammenhänge aus dem Feld der freien Energie/Information, dem Bereich von Wahrscheinlichkeiten, dem absoluten reinen Potenzial. Es kann sich durchaus das gesamte menschliche informationsverarbeitende System so verändern, dass sich eine erheblich erweiterte Informationsaufnahme und Informationsverarbeitungsvariante entwickelt. Dieser Mensch, dessen Bewusstsein dann eine Erweiterung erfahren hat, wird durchaus Anpassungsprobleme erfahren müssen, denn weder seine Mitmenschen werden diese Veränderung interpretieren können, noch er selbst wird zu Beginn seines neuen Lebens sich gleich darin zurechtfinden können.

Ich persönlich höre immer wieder, dass es solche Erfahrungen nicht wirklich geben kann. Halluzinationen, Drogenmissbrauch, Erfindungen zur Wichtigtuerei oder Pathologisches sind die eigentlichen Hintergründe, wird mir immer wieder entgegnet. Eine solche Reaktion der Mitmenschen ist natürlich nachvollziehbar, basiert unsere Realität doch auf dem Glauben, auf der Vorstellung, der Annahme, der Hoffnung, auf unserer Logik des Berechenbaren und des Möglichen. Unserer eigenen subjektiven Erfahrung, die ja auf dem einzig realen

Erleben, dem persönlichen Erleben beruht, vertrauen wir eher, wenn dieses Erleben von anderen Menschen geteilt wird, indem sie uns bestätigen, dass sie ähnliche Erfahrungen gemacht haben. Geschieht das Gegenteil, zweifeln wir häufig an unserer Deutung selbst erfahrener Erlebnisse.

Welche Vorstellungen entwickelt nun ein heranwachsender Mensch zwischen zwölf und fünfundzwanzig Jahren, der zwei NTE`s und ein TVE hinter sich hat, um sich intellektuell zu erklären, was sein Erleben zu bedeuten hat, und wie es sich generell erklären lassen könnte? Der Intellekt folgt dem Erleben nicht ganz so einfach. Das Erleben geht weit voraus. Eine formulierte, allgemein verständliche Beschreibung und Erklärung des Erlebten bleibt weit zurück, denn es fehlen schlicht die Worte und die Übung, Neuheiten und Ganzheiten in ihrer Vielschichtigkeit einzugrenzen, um sinnvolle, verständliche Worte zu finden. Das Erleben ist eindeutig, aber schwer erklärbar oder zu glauben, weil es eventuell nicht kompatibel mit dem persönlichen und/oder gesellschaftlichen Verständnis ist. Als ich z.B. zwölf Jahre alt war, also 1967, gab es für die Allgemeinheit nur eine Realität. Wahrheit und Realität war, was jeder sehen und nachempfinden kann, was sich wiederholen lässt, was mit Logik und den Möglichkeiten vernünftiger oder wissenschaftlicher Erklärungen nachvollziehbar ist. Intuition, Bauchgefühl, Gespür, Impulse, Ahnung, Vision waren weibliche Attribute und damit nebensächlich für die harte Realität, die von der männlichen Sicht dominiert wurde. Der kindliche oder jugendliche Versuch, ein Nahtoderleben mit Folgen, oder ein tiefes Versenkungserleben mit Folgen einem anderen Menschen nahe zu bringen, war grundsätzlich zum Scheitern verurteilt. Ein Erleben bei offensichtlicher Bewusstlosigkeit war undenkbar, einfach paradox in der allgemeinen öffentlichen Meinung. Ich musste lernen, mir selbst und meinen Erfahrungen, ohne Hilfe von außen, zu trauen.

Als meine Mutter 2009 starb, hatte ich die Möglichkeit sie dabei zu begleiten. Sie befand sich im Koma und wurde durch Geräte am Leben erhalten. Der Moment des Gerätesabstellens war gekommen, und ich bat die Schwester, die in meinem Blickfeld stehenden Monitore abzuschalten. Ich wollte nicht mitbekommen, wann die Überlebenssysteme ausgestellt werden. Ich saß im Sterbezimmer bei meiner Mutter in tiefer Ruhe und Stille. Nach einiger Zeit verdichtete sich die Atmosphäre vom einen auf den anderen Augenblick. Ich erhob mich von meinem Stuhl, und im selben Moment durchdrang eine gigantische Energiewelle meinen gesamten Körper und löste ein vollkommen unbeschreibliches Gefühl des miteinander Verbundenseins aus. Diese Kraft durchlief und erfüllte meinen Körper und Geist, um ihn dann zu verlassen. Trauer, aber auch tiefe Freude entstanden Hand in Hand. Die persönliche Energie/Information meiner Mutter hatte ihren Körper auf ewig verlassen und meinem persönlichen Energie/Informations-Komplex einen intensiven Abschiedsbesuch geschenkt. Beim Verlassen des Sterbezimmers fragte ich die Schwester: „Um 10:20 Uhr haben Sie die Geräte abgestellt, stimmt´s?" „Ja", war ihre Antwort. Seit diesem Erlebnis ist in mir die Gewissheit verankert, dass Anteile der persönlichen Energie/Information meiner Mutter in mir aktiv sein können. Ich kann mit ihnen intuitiv kommunizieren und etwas von ihnen wirkt durch mich. In gewisser Weise kann meine Mutter mit meinen Augen sehen und mit meinem Herzen fühlen, und umgekehrt scheint es ebenso zu sein. Ich habe das Empfinden, dass ihre ganze Ahnenreihe durch ihre in meinem Körper zeitweilig aktiven Energie/Informations-Anteile am Leben auf Erden teilhaben kann. Ich kann mir vorstellen, auch wenn es absurd erscheint, dass diese Ahnenkräfte im Feld der freien Energie/Information mein lebendiges Erdendasein energetisch und informationstechnisch erheblich bereichern können, wenn ich meine Kanäle durch Meditation dafür offen halten kann. Dies kann für mich nicht nur in der Leere einer Meditation, die kein Ziel, keinen Wunsch, die rein gar nichts anstrebt, geschehen, sondern entsteht unvermittelt auch im Alltag. Es macht mich über die Trauer des Verlustes eines wichtigen und geliebten Menschen hinweg sehr glücklich. Ich finde seit dem nicht nur die persönlichen Energie/Informations-Anteile der verstorbenen Freunde im absoluten reinen Potenzial, sondern auch die Verdichtungen der Energie/Informations-Anteile aller noch lebender Menschen. Es fließt auf diese Weise spontan Kraft und Information in einer Verbindung, die körperlich nicht vorhanden ist. Natürlich ist mir vollkommen bewusst, wie unmöglich das für 99% der Leserschaft dieses Textes klingt. Ich möchte weder provozieren noch auf meine Besonderheit hinweisen, denn die empfinde ich nicht, weil sie nicht existiert. Ich möchte einfach nur sagen, dass es mir so vorkommt, und dass ich es subjektiv so erlebe. Vielleicht wird alles durch meine früheren Erfahrungen beeinflusst. Wahrscheinlich ist es aber einfach für uns alle Menschen vollkommen normal, nur nicht immer und von jedem von uns im akuten Moment so spürbar, denkbar, erlebbar. Sei es, wie es sei.

Für mich haben die Energie/Informations-Anteile eines Verstorbenen oder eines lebenden Menschen die Möglichkeit zu einer spontanen Verbindung mit meinem persönlichen Energie/Informations-Komplex in dem Augenblick, indem ich einen Abfrageimpuls meiner Bewusstsein/Unterbewusstsein-Wirkeinheit abgebe und gleich darauf vergesse, also wenn ich nicht Antworten/Kontakt suche oder erwarte. Die Möglichkeiten des Eins-Seins bestehen im absoluten reinen Potenzial. Es entsteht dadurch eine Nähe, wie sie im alltäglichen Beisammensein zweier Lebender selten wahrgenommen wird, aber natürlich ebenfalls möglich wäre, wenn Leere, also auch Erwartungslosigkeit herrscht. Dieses Eins-Sein mit den angesprochenen Energie/Information-Anteilen einer bestimmten Person im Bewusst – Sein (absoluten reinen Potenzial) äußert sich im intuitiven Bereich und kann durchaus deutlich ins Bewusstsein rücken, sodass Anteile des ehemaligen, zu Lebzeiten aktiven Denkens und Fühlens und damit auch Handlungsbezüge einer verstorbenen Person, oder aber auch genauso gut einer lebenden Person wahrgenommen werden können.

Wissen ist nicht über die Sinne und den Intellekt aktiv und umfassend greifbar. Es ist im Umfeld, im Raum, im Kosmos präsent. Es liegt in der Luft und lebt im Bewusst – Sein, das die Gesamtexistenz speist. Es scheint spontan mehr oder weniger in bestimmten Augenblicken durch. Und es gibt Momente, in denen es sich vollkommen zeigt, obwohl es keine Anfrage danach gab, oder ein akut bewusstes Bedürfnis nach Erkenntnissen aus diesem Ur-Wissen, der Ganzheit, der Einheit allen Seins. Ich erlebte diese Dinge bisher dreimal besonders intensiv und so nachhaltig in meinem Leben, das es seine Prägung dadurch erfuhr, allerdings zeitweise mit erheblichen Anpassungsschwierigkeiten, das gebe ich gern zu.

Ich spreche innerlich, seltener auch hörbar, mit allem Existierenden, und zwar soweit ich zurückdenken kann. Natürlich selten vor Menschen, die grad neben mir stehen. Ich spüre das Leben, den Geist, die Seele, oder wie immer man es nennen möchte, in allem. Ich spüre den Kern des Daseins und habe permanenten klaren Kontakt zu ihm. Es ist ein Gefühl tiefen Friedens und tiefster Verbundenheit. Dies ist mein fundamentales Grundgefühl zum Dasein. Ich bin im tiefsten Inneren schon sehr lange sehr glücklich darüber. Auch wenn ich es viele Jahrzehnte nicht wirklich mit anderen Menschen verbal teilen konnte, so wusste ich immer, dass alle Menschen dieses Grundgefühl in sich tragen, aber nicht jeder zu jeder Zeit einen Zugang zu diesem Grundgefühl nutzen kann, weil wir es verlernen, weil wir es überlagern oder nicht zulassen.

Es gibt ein Überschreiten der Linie in einen Bereich des Seins, indem sich die Gesamtansammlung von freier Energie/Information für die Erfahrung öffnet und ein lebender Mensch dabei lebendig bleibt, um nach dem Zurückschreiten ein erweitertes Bewusstsein erfahren zu haben und im Leben auszudrücken. Je nachhaltiger ein lebender Mensch die Grenzlinie zwischen Leben und Tod überschreitet, desto selbstverständlicher relativiert sich der Tod, und das ewige Leben wird ihm bewusst. Das ewige Leben besteht im Eins-Sein aller Energie/Information, auch gespeist durch jede jemals existierende Persönlichkeit. In diesem Einen enthalten ist die Option, polaritätsbezogenes, materielles, körperliches Leben mit Energie/Information in einer einzigartigen und vollkommen neuen Kombination auszustatten. Das ist Wandel. Das ist Wiedergeburt. Wiedergeburt ist nichts Individuelles, das sich auf ein einzelnes vorheriges Menschenleben beschränkt, sondern eine Neukreation aus der Ganzheit der freien Energie/Information, in der alles in der Zeitlosigkeit dieses Grundzustands existent ist und sich in der neu gestaltenden Lebenszeit z.B. eines Menschen individualisiert. Wir könnten uns an jedes einzelne menschliche Erdenleben erinnern, weil grundsätzlich Energie/Informations-Anteile von jedem und allem immer präsent sind. Einige Menschen haben sehr wache und bildhafte Erinnerungen an kleine Ausschnitte früherer Leben. Allerdings war jeder akut existierende Mensch in jede vergangene Existenz mit Energie/Informations-Anteilen involviert. Jeder von uns hat also auch Anteil gehabt an allen Leben vor uns. Das wird grundsätzlich auch weiterhin so sein. Deshalb gibt es auch den Blick voraus, denn im

Bereich von freier Energie/Information existiert alles immer, und gleichzeitig ist nichts ausgebildet, aber potenziell vorhanden. Betrachten wir etwas, entsteht Polarität. Hier der Betrachter als Pol, dort das Betrachtete als Pol. Betrachten wir nichts, ist die Polarität möglich, aber nichts ist da. Kein Betrachter, nichts Betrachtetes. Keine Erfahrung, kein Bewusstsein im üblichen, begrenzten, menschlich, alltäglichem Sinn. Im Bewusst – Sein aber existiert alles potenziell als mögliche Wahrscheinlichkeit. Aus der Polarität wird ein Ganzes.

Aus dem Nichts entsteht alles, und alles vergeht in das Nichts. Damit passiert alles, und aus einem anderen Blickwinkel gesehen geschieht nichts, weil es nichts gibt. Wenn etwas geschieht taucht sofort eine Frage auf. Was löst die Absicht aus, eine Existenzvorstellung und den Entwicklungsprozess hin zu der Entstehung hervorzubringen, sodass sich daraus Energie und Information zielgerichtet entwickeln, die letztendlich auch Materie schaffen? Beantwortet hat mir diese Frage noch niemand in einer befriedigenden Weise, denn jede bisherige Antwort, die mir zu Ohren kam, reduzierte sich auf Gott, oder die Vergleichsbegriffe. Eine Antwort auf die zentrale Frage ist das allerdings nicht, sondern ein Zeichen für Nichtwissen und damit die Legitimation für den Glauben. Ich halte alles für einen Glauben. Wissen existiert meiner Ansicht nach für Menschen nicht.

Wir wissen gar nichts. Wir glauben, oder wir glauben nicht zu glauben. Ich glaube, dass Bewusst – Sein den Anfang allen Seins in sich trägt und für einen Menschen erfahrbar ist. So weit ich weiß, stehe ich mit dieser Vorstellung noch allein auf weiter Flur.

Wenn ich sage, dass die Grenze zwischen Leben und Tod überschritten werden kann, dann ist der Wechsel zwischen diesen Welten so gemeint, dass er auf geistiger Ebene (Energie/Information) geschieht und damit eine Bewusst-Seins-Form gemeint ist. Natürlich lassen wir im Tode den Körper ab einem gewissen Moment zurück. Unser Geist (Energie/Information), der sich im lebenden Körper und außerhalb davon befindet, kann im Reiche des so genannten Todes aktiv sein und danach im lebendigen Körper wieder den Alltag meistern, wenn der Körper nicht komplett verlassen wurde. Die Erfahrung ist möglich, in tiefer Versenkung das Eine-Sein zu erleben. Dieses Eine-Sein hat weder Raum-Zeit noch Leben-Tod, sondern es hat das Potenzial, das alles überall und gleichzeitig miteinander möglich sein kann und ist.

In letzter Konsequenz muss es dann möglich sein, nicht nur als freie Energie/Information einen verschmolzenen Anteil einer weiter existierenden Ganzheit zu bilden, sondern mit dem allem innewohnendem Bewusst –

Sein, das hinter der freien sowie der persönlichen Energie/Information steht, die Körperfunktionen eines lebenden Menschen regelmäßig so vollständig und perfekt zu speisen und zu regenerieren, dass dem Körper eine erheblich verlängerte Lebenserwartung zugute kommen kann.

Kapitel 11

Ich möchte jetzt versuchen, aus meinen Erlebnissen die Quintessenz zu filtern.

Das Zentrum meiner Persönlichkeit sehe ich als sich organisierende Energie/Information im lebenden Körper. Ein Potenzial, weil es in der Verbindung mit dem Körper und der Umgebung unglaublich viele Informationen zu Realitäten formen kann.

Wenn der Körper endgültig aufgegeben wird, gehen die Persönlichkeitspotenziale auch endgültig auf im absoluten reinen Potenzial (Weltenseele, Weltengeist, das Ur-Sein, das Eine). Die überall existente und präsente freie Energie/Information ist nicht ausbildet, sie formt nicht, sie lässt nichts entstehen. Das körperbezogene Persönlichkeitspotenzial ist nicht mehr vorhanden, weil es zu dem Einen geworden ist, das alle Energie/Informations-Anteile beinhaltet und aus dem heraus auch wieder individuelle Persönlichkeitspotenziale mit Körperbildung erwachsen können. Das Eine kann ebenfalls als das Bewusst – Sein oder das absolute reine Potenzial verstanden werden.

Das Bewusst – Sein lässt bei einem TVE und einem NTE eine Verbindung zwischen dem lebenden Körper und der freien Energie/Information des Einen aktiv bestehen, sodass sich das Persönlichkeitspotenzial nicht endgültig auflöst in dem Einen, sondern sich darin zeitweise zerläuft, um sich danach wieder im Körper einzugrenzen.

Während des gesamten Lebens eines Menschen befindet sich das Persönlichkeitspotenzial im Körper und gleichzeitig in dem Einen als Energie/Information und ist in der Lage, einen Informationsaustausch mit der gesamten freien Energie/Information des Einen (des Bewusst – Seins) permanent zu stabilisieren, denn sonst gäbe es unser Leben nicht.

Wir sind immer ein persönlicher, individueller Energie/Informations-Komplex, der grundsätzlich im wechselwirksamen Austausch mit der gesamten freien Energie/Information des Bewusst – Seins (des Einen) steht.

Nach dem Verlassen des Körpers entsteht für meine Vorstellung keine kompakte Wesenheit mehr in Zwischenwelten, Warteschleifen, höheren Welten oder anderen Existenzmöglichkeiten. Es entsteht der Prozess der Verschmelzung zur Ganzheit, zur Einheit von allen ehemals lebenden Wesenheiten als freie Energie/Information im absoluten reinen Potenzial, im Bewusst – Sein.

Lebende Menschen können sich durchaus mit ihrem persönlichen Energie/Informations-Komplex mit Energie/Informations-Anteilen verstorbener Menschen, oder mit dem persönlichen Energie/Informations-Komplex lebendiger Menschen, egal ob körperlich anwesend oder nicht, in Verbindung setzen. Das ist für mein Verständnis vollkommen alltäglich und normal.

Allerdings sind durch die Erwartungen, Hoffnungen, Wünsche, Befürchtungen, Ängste usw. die Informationsströme oft schwer zu entschlüsseln. Weiterhin sind die Entschlüsselungsausdrucksmöglichkeiten der Energie/Information vielfältig realisierbar, wie z.B. in Worten, Bildern, Empfindungen, Impulsen, Inspirationen.

Übung macht den Meister. Achtsamkeit und Klarheit sind geboten, denn der Wunsch ist oft die Mutter des Ergebnisses. Vollkommen innere Freiheit sollte auf den Abfrageimpuls folgen.

Ich glaube nicht auf die Weise an Gott, wie wohl viele Erwachsene es noch in der kindlich, bildhaft personifizierten Vorstellung tun. Ich glaube auch nicht an eine Möglichkeit, noch einmal als Seele, *ich nenne es lieber persönlichen Energie/Informations-Komplex,* inkarniert zu werden, z.B. als Regenwurm zur Strafe für ehemals falsches Verhalten, oder als wohlhabender, gutmütiger, weiser Mensch zur Belohnung für eine richtige Lebensweise in vielen ehemaligen Inkarnationen. Ich glaube nicht an Strafen oder Belohnungen eines Gottes, einer sonstigen Instanz oder eines Prinzips in irgendeiner Daseinssphäre oder zu einer Zeit, die nach meinem körperlichen Ableben existiert.

Ich glaube an Energie und Information und deren Kombination und Zusammenwirken. Ich stelle mir eine *Weltenseele* (absolutes reines Potenzial) vor, die alles umfassend und integrierend aus sich heraus entstehen und vergehen lässt. Das Vergehen ist ein Wandel, kein Verschwinden. Die *Weltenseele* befindet sich permanent in einem dynamischen Prozess, einem Prozess ständigen Wandels, der aus der Option vollkommener Ruhe, vollkommenem Nichts, dem puren, reinen Bewusst – Sein mit Wahrscheinlichkeits-Optionen heraus entsteht. Ruhe und Dynamik existieren gleichzeitig als Polarität (Gegensätzlichkeit) und Komplementärkraft (Ergänzungskraft). Der Blickwinkel des *Sowohl als Auch* ist hier ebenso angebracht, wie das *Wenn Dann Prinzip*. Jede Information ist präsent, jede Möglichkeit bietet sich an und entfaltet sich. Ich nenne diese alles umfassende Grundlage des Seins das *absolute reine Potenzial*.

Der menschliche Bewusstseinskomplex, bestehend aus der menschlichen Bewusstsein/Unterbewusstsein-Wirkeinheit ist eine dynamische Konstellation des Augenblicks, der sich aus diesem *absoluten reinen Potenzial* heraus spontan entwickelt und sich in diesem Potenzial ewig wandelnd impulsiv bewegt, und sich je nach den entsprechen Möglichkeiten und Gesetzmäßigkeiten der jeweilig hauptaktiven Daseinsebene gestaltet. *(z.B. der Ebene des so genannten Lebens oder der Ebene des so genannten Todes. Ebenen, die nicht nur polar sondern komplementär sind, und sich den jeweiligen Ebenen gemäß den Mitteln der Informationsübertragung bedienen)* Das ist unser Leben als Mensch, als persönlicher Energie/Informations-Komplex, als Bestandteil des Kosmos, als Materie, als übergeordnetes Bewusst – Sein, der Urquelle aller Phänomene, der Existenz, des Seins.

Nichts ist isoliert oder gar ohne Information und Energie. Grundsätzlich ist alles immer und überall präsent, aktivierbar und möglich. Als Mensch gilt es für mich, die Freiheit zu gebrauchen, Informationen aus allem zu empfangen und als funktionelle Lebensform zu nutzen. Das ist meine und unsere Aufgabe.

Es scheint, als seien wir als Menschheit, wie als lebendes Individuum von dieser Freiheit weit entfernt, der Freiheit zu Sein, der Freiheit, die Ebenen der Seins-

Phänomene bewusst aktiv und wahlweise zu wechseln. Allerdings sagen mir meine Erfahrungen etwas anderes. Ich habe erfahren, dass wir als Menschen scheinbar deutlich voneinander getrennte Seinsebenen betreten können, ohne Probleme zu bekommen oder einen ersichtlichen Schaden zu nehmen. Ganz im Gegenteil, das Wandeln auf unterschiedlichen Ebenen erweitert uns Menschen hin zum wirklichen Mensch-Sein. Hin zum wahren Entscheiden. Dieses wahre Entscheiden bezieht sich immer auf den Gesamtzusammenhang des Seins und allen daran Beteiligten.

Schon die ganz alten Taoisten wussten, dass dem Menschen Regeln, Gesetze, Ethik, Moral etc. nicht von außen aufgezwungen werden können, müssen oder dürfen, sondern dass diese Werte aus dem echten und tiefen Verständnis, dem Erlebnis des natürlichen Seins heraus von selbst in jedem einzelnen Menschen entstehen.

Ich persönlich finde, dass die meisten unserer modernen Gesellschaften derzeit auf dem tiefsten moralisch/ethischen Entwicklungsstand einer Bewusstseins-Lebensform basieren und existieren: dem bewussten Zwang durch Angst, Gewalt, Manipulation und Abhängigkeiten. Natürlich haben wir massenweise Trugbilder kultiviert, die menschliche Freiheit suggerieren sollen. Aber das, was unterm Strich dabei herauskommt, ist unwürdig für eine Lebensform wie den Menschen, denn der Mensch als Masse vegetiert als unwissendes, werteschaffendes Arbeits- und Finanzierungsvieh, austauschbar und funktionell gehalten, in immer enger gezogenen Grenzen eingepfercht, die die meisten Menschen unter uns als die wenigen Freuden des Daseins wahrnehmen. Diese sind der Konsum, die Kultur und der klägliche Rest des Gemeinschaftslebens, der noch übriggeblieben ist durch Zeit-, Geld-, Kontakt- und vor allem Bewusstseinsmangel.

Die globalen, menschenausgelösten Probleme unserer Zeit sind ein Bewusstseinsproblem, eine Frage des Verständnisses für Gesamtzusammenhänge. Ein Mangel an Würde, Achtung, Respekt, Demut und Mitgefühl regiert zusammen mit einer Überpräsenz von Angst, Gier, Missgunst, Eitelkeit das verwesende Bewusstsein des Menschen.

Menschliches Bewusstsein existiert nur in einem Bezug zu etwas. Es wird aktiv, indem es einen Bezug wahrnimmt, innerlich gestaltet und verarbeitet. Da dies im Unterbewusstsein geschieht, ist äußere Manipulation von Informationen der Dreh und Angelpunkt der Problematik. Realität ist fließend, variabel und dehnbar, wenn es sich um Gedanken, Gefühle, Wahrnehmungen und jede Art von Informationen handelt.

T E I L 3

Zusatzmaterial

Kapitel 12 – OUTTAKES

Als Stones Fan bin ich es gewohnt, dass in den letzten Jahren zu etlichen Originalalben zusätzliche outtakes der Aufnahmesessions herauskommen. *Ausschuss*, der entstanden ist in den endlosen Sessions zur Entwicklung der Stücke, die es dann zum Hörer schaffen, oder eben nicht. Diese Alternativen der Stücke finde ich sehr interessant und freue mich über die Möglichkeit, sie mir anzuhören. Ich erlaube mir diese Idee auf die Buchform zu übertragen und richte ein Kapitel für Varianten ein.

Leben ist ein wesentlicher Bestandteil des Todes.
Das Leben wird durch den Tod in Balance gehalten, nachdem es aus dem Totenreich geboren wurde. Das Leben ist das Reich, das den Tod ermöglicht, denn er wäre nicht relevant, gäbe es das Leben nicht. Wäre der Tod nicht relevant, gäbe es kein Leben. Es würde keinen Sinn haben. Auch der Tod würde nicht existieren, sein Sinn wäre ebenfalls abhanden gekommen. Die gesamte Polarität gebe es nicht. Gäbe es überhaupt etwas?

Sind Bewusstsein und Materie als Anfang allen Seins nicht zu unterscheiden, damit also das Gleiche *(das Eine)*, dann erschafft das Gleiche das Bewusstsein und dieses Bewusstsein lässt die Materie entstehen, beides ist im Unterschied auch das Gleiche.

Die Materie wird durch das Bewusstsein in Balance gehalten, nachdem sie aus dem Bewusstsein geboren wurde. Die Materie gibt dem Bewusstsein Relevanz. Wäre es nicht so, gäbe es weder Materie noch Bewusstsein, sondern das Gleiche vor dem Anfang des Seins. Dao, das Unbenennbare, heißt dieser Vor-Allem-Bereich bei den Daoisten, die Singularität ist der Begriff der Wissenschaft für den Bereich vor Raum und Zeit. Die Motivation etwas in Gang zu setzen – der Anlass zur Bewegung aus dem Einen, in dem alles gleich ist und damit nichts existent ist, auch das Eine nicht, und damit auch keine Motivation, kein Anlass – dieser Antrieb ist die Große Unbekannte unseres gesamten kosmischen Daseins. Was auch immer der Anfang allen Seins sein mag, es muss eine Motivation dafür gegeben haben, dass es einen Anfang geben konnte. Wer oder was hat oder ist diese Motivation, die aus einer Idee, einer Vorstellung, einem Gedanken, einem Impuls geboren sein müsste?

Outtake 1

Für mich ist ein lebender Mensch mit seinem Gehirn, den neuronalen Netzwerken und den sich durch Photonen informierenden Zellen (Fritz A. Popp), den evolutionären und artspezifischen Informationen in seinem persönlichen System und im morphogenetischen Feld (Rupert Shaldrake) eine Sender/Empfänger Ganzheit durch einen gemeinsamen, wechselseitigen Austausch mit dem absoluten reinen Potenzial, einem Bereich kosmisch, holistischer Art, indem sich jede Information befindet.

Die Information ist als Potenzial präsent, aber nicht spezifiziert aktiviert. Sie ist in jeder Art von Variante und Kombination wahrscheinlich und dynamisiert sich durch Resonanz mit den unterschiedlich sich entwickelnden Systemen wie z.B. Menschen, Tieren, Pflanzen, jeder Art von Energie-Information-Materie-Entwicklung.

Energie-Information-Entwicklungen dynamisieren sich von einer körperlosen zu einer körperlichen und wieder zu einer körperlosen Energie/Information, ohne dass etwas von der Energie oder von der Information verloren geht, nur der Körper, ein Teil der Materiebildung wird gewandelt. Die Energie/Information setzt sich nur unterschiedlich zusammen und bildet mit und in einem Körper ein dynamisches System, und ohne einen Körper eine Einheit mit allem Sein, dem absoluten reinen

Potenzial, und ist kein eigenständiger System-Komplex mehr. Die Energie/Information ist im absoluten reinen Potenzial weiterhin vorhanden, ebenso wie sie vor der Bildung eines Energie-Information-Materie-Entwicklungs-Systems, wie z.B. der Mensch eines ist, vorhanden war.

Da ich weder ein Wissenschaftler bin, noch einer werden kann und möchte, ist diese geschilderte Vorstellung natürlich ein rein persönlicher Glaube, der auf den Überlegungen und Deutungen meiner Erfahrungen beruht.

Ich kann danach suchen, diese Vorstellungen von anderen Menschen bestätigt zu bekommen, damit ich besser daran glauben kann. Mein bisheriges Leben sagte mir aber letzten Endes immer: Bleib bei dir. Lass dich anregen, inspirieren, ermuntern mutig und waghalsig zu denken, aber Antworten findest du nur in dir, Anregungen auch im Außen. Bleibe dabei immer innerlich in Bewegung, denn alles wandelt sich ununterbrochen, allerdings bleibt der Kern stabil, das Bewusst – Sein.

Outtake 2

Setzt man ein morphogenetisches Feld des Menschen nach Rupert Shaldrakes Theorie voraus, das jede Information zum Thema Mensch im gesamten Kosmos für jeden einzelnen Menschen bereithält, dann gilt für jede einzelne Person, dass bewusst/unbewusst jede Information, die gebraucht wird, aus der Informationsvielfalt des morphogenetischen Feldes immer und überall empfangen und herausgefiltert werden kann.

Zur Problematik kann ein quantitatives Übergewicht einer Information werden, z.B. eine Meinung zu einem speziellen Thema. Dieses Übergewicht wird durch Quantität, permanente Wiederholung und Vertiefung erzielt, zu deren Information ein einzelner Mensch eher in Resonanz tritt, weil sie *in der Luft liegt.* Das würde heißen, dass die Entwicklung menschlichen Bewusstseins durch Meinungsvorgabeflut untergraben wird, dadurch dass eine vorherrschende Sichtweise zementiert wird, und eine unterscheidende, variable Wahrnehmung, die zu eigenen Entscheidungen führt, erschwert wird.

Wenn wir Menschen bei möglicher Bedrohung nach dem tief verankerten Reflexmuster: aufmerken, orientieren, einschätzen, annähern oder meiden, kämpfen oder fliehen reagieren, dann greifen wir automatisch darauf zurück, wenn wir unter Druck sind, obwohl wir ohne den Druck anders reagiert hätten, und obwohl wir generell anders reagieren wollen und würden, wenn wir es könnten.

Wenn ein einzelner Mensch Realität erschafft, so erschaffen alle anderen Menschen gleichzeitig ebenfalls Realität.

Im morphogenetischen Feld des Menschen setzen sich die Realitäten für alle Menschen durch, die eine Massendominanz aufweisen. Bei einer persönlichen Realitätsanfrage an das morphogenetische Feld wird ein massendominantes Realitätsangebot aus dem Feld gegeben.

Wir treten in Resonanz mit zahlreichen informierten Schwingungen. Tragen diese zahlreichen, sich immer wiederholenden Schwingungen nur einen wesentlichen inhaltlichen Informationskern in verschiedenen Varianten, so nehmen wir sehr wahrscheinlich mindestens eine der Varianten auf und an. Besonders wenn sie sich mit dem persönlichen Leben praktisch gut verbinden lässt. Und das wird mindestens für eine der Informationskernvarianten immer so sein.

Das heißt z.B.: 7,5 Milliarden Menschen gibt es etwa zurzeit. Nehmen wir an, dass 6 Milliarden an Gott glauben, egal, wie sie ihn nennen mögen. Diese Information im morphogenetischen Feld der Menschen ist damit eindeutig von diesen 6 Milliarden Menschen geprägt mit der Information, es gibt einen Gott. Dann existiert zusätzlich noch die Information im morphogenetischen Feld zu diesem Thema, die von allen ehemals lebenden

Menschen stammt. Diese wirkt natürlich mit. Eine göttliche Instanz dürfte schon sehr lange eine zentrale Rolle in der Vorstellung der Menschheit spielen. (Vor 282.000 Jahren hat sich das Bewusstsein entwickelt. Georg Kreutzberg, Zitat: S. 18 Matthias Eckholdt, Kann sich das Bewusstsein bewusst sein? Carl-Auer Verlag, 2017) Diese Information ist daher quantitativ sehr präsent und dominiert aller Wahrscheinlichkeit nach das morphogenetische Feld zu diesem Thema in unangefochtener Weise. Diese Tatsache kann also nicht außer Acht gelassen werden, wenn in uns die Frage auftaucht, ob Gott existiert. Die Antwort *liegt in der Luft*. Ja es gibt einen Gott. Diese Meinung beherrscht unseren persönlichen Energie/Informations-Komplex, ohne dass wir es ahnen. Auch wenn wir vorläufig sagen: Nein, es gibt keinen Gott, so wirft die Frage ständig Unsicherheit auf, sodass man sich mit ihr immer wieder konfrontiert sieht. Das Thema beschäftigt also nicht einfach nur unser Denken, sondern eine Massendominanz prägt sogar eine Richtung, nämlich: Ja, es gibt einen Gott.

Nehmen wir an, dass eine Informationsflut zu einem Thema, zwar in vielfältig variabler Form, aber mit immer dem gleichen informativen Inhaltskern, uns über das morphogenetische Feld übermittelt wird, wenn wir uns mit diesem Thema bewusst/unbewusst beschäftigen. Dann kann man sich ganz leicht in etwa ausmalen, welche Meinungsmacht derjenige ausüben würde, dem es gelänge, das morphogenetische Feld zu gesellschafts-politisch relevanten Themen zu dominieren. Kein Mensch käme auf den Gedanken, dass er manipuliert werden würde, wäre dieser Gedanke doch mehr als ab-surd, weil jeder von uns seine Gedanken eben als *seine eigenen* Gedanken versteht. Den Einfluss eines nicht greifbaren morphogenetischen Feldes haben wir im All-tag nicht auf dem Schirm. Die meisten Menschen ha-ben wahrscheinlich noch nie von Shaldrakes Theorie gehört, und das Kollektive Unbewusste von Jung spielt ebenfalls keine Rolle für den Alltag. Unsere Gedanken werden von offensichtlichen Reizen angeregt, soweit ist uns der Einfluss von außen klar. Mit Aufmerksamkeit und etwas Grütze im Kopf haben wir aber immer die entscheidende Endkontrolle über unsere Gedanken-entwicklung. Davon ist wohl so gut wie jeder Mensch überzeugt. Ein fataler Irrtum.

1974 fand in Arosa in der Schweiz eine Konferenz über reines Bewusstsein und den Stand der damaligen wissenschaftlichen Forschung statt. Sie setzte sich aus einem interdisziplinären Kreis von Physikern, Mathematikern, Chemikern, Physiologen, Pädagogen, Wirtschaftsfachleuten und Sozialwissenschaftlern zusammen.......An der Diskussion nahm auch Maharishi Mahesh Yogi teil, der Entwickler des TM-Programms, der die vedische Sichtweise darlegte.

Schließlich machte jemand ganz im Sinne der anthropologischen Tradition die unschuldige Bemerkung, dass einige wenige ruhige und weise Menschen, die sich einer inkohärenten Menge anschließen, oft bewirken, dass sich innerhalb dieser Gruppe Ruhe und Weisheit einstellen. Ebenso bemerkten Pädagogen und Wirtschaftsexperten, dass einige Meditierende in ihren jeweiligen Institutionen bzw. Organisationen häufig die Produktivität und Moral der gesamten Gruppe verbesserten.

Maharishi deutete an, dass aufgrund seiner Beobachtungen der Veränderungen, die bereits in Gebieten auftraten, in denen viele Meditierende wohnten, eine Gruppe oder auch eine Gesamtbevölkerung von einem geringen Teil, in der Größenordnung von 1% des Ganzen, positiv beeinflusst werden konnte. Er fügte hinzu, dass diese Wirkung nicht notwendigerweise durch das Handeln oder Sprechen der Meditierenden aufträten, sondern allein durch ihre Erfahrung reinen Bewusstseins. (Zitat: S.66, Elaine und Arthur Aron, Der Maharishi Effekt, Heyne, 1991)

Kohärenz (Zusammenhang) ist bei dem Thema des Maharishi Effektes in Verbindung mit reinem Bewusstsein der zentrale Kern. Wenn inkohärente Gruppen zur Ruhe, Weisheit, Produktivität und Moral neigen in der Gegenwart von Meditierenden im Zustand des reinen Bewusstseins, also nicht nur eine Entspannung bei der inkohärenten Gruppe auftritt, sondern zusätzlich möglicherweise ein Informationsfluss zwischen den Meditierenden und der inkohärenten Gruppe stattfindet, denn Teilnehmer der inkohärenten Gruppe veränderten sich positiv nach den Angaben einiger Teilnehmer der Konferenz, so muss also Information fließen. Natürlich ist das jede Art von Information, denn Weisheit beinhaltet ja nicht nur bestimmte Arten der Information (positive oder negative, denn diese Begriffe sind erstens relativ, und zweitens haben Informationen nur in Bezug zu etwas eine Bedeutung), sondern Weisheit aus Menschensicht handhabt Informationen in Bezug zum Augenblick in Hinsicht einer Zielsetzung in diesem Moment.

Hier ergibt sich durchaus eine hervorragende Manipulationsmöglichkeit, denn was unter dem Begriff einer positiven Wirkung zu verstehen ist, wird ja von bestimmten Interessenvertretern definiert.

Wer sich intensiver mit der Thematik der Bewusstseinskontrolle über z.B. die Modulation einer Signalwelle, die über eine Trägerwelle transportiert wird, beschäftigen möchte, sei z.B. an das Buch von Nick Begich, Bewusstseins- und Gedankenkontrolle – Der Kampf um Ihre Gedanken, Ihren Willen und Ihr Bewusstsein hat längst begonnen, Michaels Verlag, 2011, verwiesen.

Outtake 3

Zusammenfassend zu dem bisher Geschriebenen möchte ich das Folgende festhalten:

Der Informations-Pool aller Seins-Phänomene, also die Essenz, das absolute reine Potenzial, steht in wechselwirksamen Austausch mit der persönlichen Entwicklungsdynamik, einem eindeutig definierten Energie/Informations-Komplex, wie z.B. ein bestimmter Mensch ihn darstellt. Permanent dazugeschaltet und ebenfalls wechselwirksam Energie/Information aktiv austauschend mit dem einen Menschen und dem absoluten reinen Potenzial sehen wir das kollektive Unbewusste nach C.G.Jung, das morphogenetische Feld nach R. Shaldrake, das Tao der Chinesen, die Akasha Chronik der Hindus oder das Quantenfeld der modernen Physik. Dieses ganze Miteinander, dieses Eins-Sein ist nach meiner Erfahrung, die ich hier geschildert habe, die Daseinsgrundlage jedes Menschen und jedes Existenz-Phänomens.

Daher kann eine Person jede Art von Erscheinung, Impuls, Information, Gedankengang, Gefühl, ganze Zusammenhänge aus dem absoluten reinen Potenzial, dem kollektiven Unbewussten oder dem morphogenetischen Feld mit dem persönlichen Energie/Informations-Komplex zusammen als Ganzheit empfinden. Es ist möglich für uns Menschen, mit jedem Energie/Informations-Komplex in einen wechselwirksamen Bezug zu treten. Praktisch könnte ich also andocken an den Energie/Infomations-Komplex einer Person aus dem 15. Jahrhundert und seine Informationen bewusst aufnehmen. Ich könnte mir aber auch eine Person aus dem Jahr 3518 wählen, um mich zu informieren. Ich kann mich mit zurzeit lebenden Menschen verbinden, oder eben auch mit Verstorbenen oder noch nicht geborenen Menschen. Sprenge ich die engen Grenzen von Jung und Shaldrake, kann eine Verbindung zu Tieren, Pflanzen, ja zu jeder Form von Energie/Information hergestellt werden, d.h. zu jedem Daseins-Phänomen, das jemals in unserem Kosmos und vielleicht auch darüber hinaus existiert hat. Das wäre meine Folgerung, die mir logisch und nachvollziehbar erscheint. Eine Wiedergeburt eines ehemals konzentrierten Energie/Informations-Komplexes, sprich eines Menschen, genau wie er einmal existiert hat, halte ich in der gleichen Konstellation für vollkommen ausgeschlossen, da ausschließlich Wandel und Dynamik das Leben beherrschen. Selbstverständlich sind aber grundsätzlich die Energie/Informationen aller der Lebewesen, die je existiert haben, jetzt existieren oder zukünftig existieren werden, in einem einzigen Lebewesen und natürlich auch in jedem Seins-Phänomen an sich vorhanden.

Sucht man in der richtigen Richtung, dann findet man die Grundlagen dieser Thematik überall auf der Welt, z.B. in der alten Praxis der Schamanen oder in der Mystik. Diese alten Weisheitsschulen, die die direkte bewusste Einheit mit dem Seins-Urgrund, dem absoluten reinen Potenzial herstellten, sind schon vor ewigen

Zeiten auf dem Stand gewesen, der sich gerade über die quantenphysikalischen Erkenntnisse in unseren neuzeitlichen Kulturen entwickelt, und damit den heutigen Stand repräsentiert. Wir stellen uns zurzeit noch aus der Sicht der materialistischen Denkweise eine Quantenwelt vor, in der alles miteinander verwoben ist und wahrscheinlich erscheint. Ein schweres, wenn nicht gar unmögliches Unterfangen, da Vorstellung keine Erfahrung ist, sondern eine Idee und ein Glaube, die möglicherweise die Erfahrung ebenfalls beeinflussen.

Outtake 4

Jeder Mensch hat einen persönlich geprägten Energie/Informations-Komplex.
Wenn Informationskanäle zum absoluten reinen Potenzial geöffnet sind und sich Informationen im persönlichen Energie/Informations-Komplex ausbreiten, werden sie mit diesen persönlichen Informationen im Verbund wahrgenommen und interpretiert. Das heißt, dass ich die neuen Informationen aus dem absoluten reinen Potenzial mit meinem persönlichen Informationsschatz deute.
Um völlig frei Informationen aus dem absoluten reinen Potenzial aufzunehmen, muss ich den persönlichen

Energie/Informations-Komplex ruhen lassen, damit er sich nicht einmischen kann. Damit ist die, durch den persönlichen Energie/Informations-Komplex geprägte Wahrnehmung vorläufig neutralisiert.

Die vollkommene Leere der Meditation macht es durch ihre Bezugslosigkeit möglich. Der Informationsfluss des absoluten reinen Potenzials verbindet sich mit dem persönlichen Energie/Informations-Komplex ohne dessen Interpretationsfiltersystem und wird so zu einem weniger eingeschränkten Bestandteil unseres nutzbaren persönlichen Energie/Informations- Komplexes.

Outtake 5

Unser menschlicher Psyche-Geist-Seele-Bewusstsein/Unterbewusstsein-Komplex (PGSB/U-K) ist eine in einem lebenden Körper befindliche Arbeitsgemeinschaft, um freie Energie/Information aus dem absoluten reinen Potenzial zu empfangen, zu decodieren, in Bezug zu setzen, zu interpretieren und zielgerecht anzuwenden.

Ohne einen lebenden Körper als eine Art Gefäß wäre diese Ansammlung, diese Konzentration als Arbeitsgemeinschaft des PGSB/U-Komplexes (wahrscheinlich) nicht möglich. Diese Körperraumbegrenzung ist eine wesentliche Voraussetzung, um die Komplexfaktoren PGSB/U arbeitsfähig werden zu lassen, damit sie sich selbst entwickeln können, und damit auch die menschliche Persönlichkeit sich mit ihnen gemeinsam hin zu ihren speziellen Fähigkeiten entfalten lernt.

Die freie Energie/Information des absoluten reinen Potenzials enthält jede Art von Information grundsätzlich vollkommen unspezifiziert, also als Potenzial, als Möglichkeiten. Erst in einer persönlichen Körperraumbegrenzung entwickelt sich aus den freien Informationsströmen des absoluten reinen Potenzials ein persönlicher Energie/Informations-Komplex, der sich spezifiziert und dynamisiert, und der auch weiterhin in Wechselwirkung mit dem freien Informationsstrom des absoluten reinen Potenzials bleibt. Entwicklung und Wandlung entstehen für den lebenden Menschen durch Anfrage und Angebot. Realitäten entstehen und wandeln sich für einen lebenden Menschen.

Ist der menschliche Körper durch seinen Tod nicht mehr in der Lage einen persönlichen PGSB/U- Komplex räumlich zu stabilisieren, findet kein Informationsaustausch zwischen dem absoluten reinen Potenzial und einer geordneten persönlichen Ganzheit statt, die durch Realitäten Handlungen entwickeln kann, die für lebende Wesen sichtbar wären. Der fehlende materielle Raum eines Körpers lässt den ehemaligen persönlichen

PGSB/U-Komplex eine Verbindung eingehen mit der freien Energie/Information des absoluten reinen Potenzials. Der persönliche Energie/Informations- Komplex, zu dem der persönliche PGSB/U- Komplex als Unterabteilung gehört, ist damit im absoluten reinen Potenzial, aus dem er sich einst entwickelt hatte, komplett aufgegangen.

Outtake 6

Tiefe Versenkung war und ist für mich das Sein in Verbindung mit jeglicher Existenz und darüber hinaus das Auflösen in den Bereich der Singularität oder des Dao, den Ur-Zustand vor dem angenommenen Urknall, der den heutigen kosmischen Zustand geschaffen haben soll. Kehrt man nach dieser tiefen Versenkungserfahrung in das Alltagsleben zurück, ist das mit einem großen Wandel verbunden, den man, reduziert auf den Kernpunkt, als *im Sein angekommen* und als *Liebe erfahren und im Leben ausdrücken* bezeichnen kann.

Meine Nahtoderfahrungen hatten im Wesentlichen zur Folge, dass ich erleben konnte, dass es keine stabilen Grenzen zwischen dem *Hier und Da, Du und Ich, Leben und Tod, Gestern-Heute-Morgen* und *Materie, Bewusstsein, Geist und Seele* gibt. Die Polarität, die unser

irdisches Dasein scheinbar nur durch die Gegensätzlichkeit erlebbar macht, ist in der Schwebe des
Nahtodes als Ganzheit erlebbar, und damit wird deutlich, dass jedes Phänomen jeder Zeit und an jedem Ort
präsent ist, oder anders ausgedrückt: Das absolute reine Potenzial hält alles bereit.

Dieses Erleben meines Daseins in der geschilderten
Form, wie die erste NTE 1959, die tiefe Versenkung
1967 und die zweite NTE 1978 es wohl bewirkt haben,
ist mir seit der Kindheit bewusst, allerdings nicht in der
durch Worte fixierten Weise. Durch dieses Buch wage
ich mich das erste Mal mit diesem Thema an die Öffent-
lichkeit. Nicht weil ich glaube, dass die Zeit reif ist. Nein,
das ist sie bestimmt nicht, sondern weil ich endlich in
mir in einer gewissen Art ruhe.

Outtake 7

Ein Raum/Zeit-Kontinuum ist existent und auch nicht
existent. Bewusst – Sein beinhaltet alle Informationen
die es gab, gibt und geben wird, weil es kein
Raum/Zeit-Kontinuum gibt.

In jeder Existenz, also auch in jedem Menschen, ist zu
Lebzeiten zwar immer jede Information vorhanden, also
auch jede individuelle Informationskombination eines

jeden jemals existierenden Menschen, aber leider ist jede individuelle Informationskombination im Gefängnis des Raum/Zeit-Kontinuums eingesperrt, und daher für eine durchschnittlich konditionierte Bewusstsein/Unterbewusstsein-Wirkeinheit vorerst nicht zugänglich.

Alles lebt in Allem. Immer.

Daher ist Reinkarnation, also eine Wiedergeburt, eine Illusion, ebenso wie die Polarität, die derzeit unsere vorrangige Erfahrungswelt zu erlauben scheint. Eine Illusion, die Bestandteil eines Ganzen ist, das durchaus endlos viele Varianten von Teilheiten ermöglicht. Allerdings ist auch die Ganzheit für uns Menschen erfahrbar.

Das Raum/Zeit-Kontinuum hat für Menschen nur eine relative Stabilität, die ständig ausbalanciert wird. Unter besonderen Bedingungen, wie z.B. einer NTE oder einem TVE, geht die Stabilität des Raum/Zeit-Kontinuums eventuell verloren. Wahrnehmungen aus dem absoluten reinen Potenzial werden vielleicht möglich. Sie sind aber Raum/Zeit ungebunden, d.h. sie können Menschen- oder Weseninformationen betreffen, die aus anderen Räumen und/oder anderen Zeiten stammen. Wesen, die als Informationsgesamtheit oder als Informationsteilheit im absoluten reinen Potenzial existieren, und in diesem Zustand eines Menschen eine Realitätsform für diesen Menschen annehmen können.

Aus Informationswerten des absoluten reinen Potenzials formen sich also *Wesens-Informationen*, die z.B. als mein eigenes ehemaliges Leben von 1438, oder als Engelwesen, als ein verstorbenes Familienmitglied, als *was auch immer für ein Wesen* gedeutet oder identifiziert werden können.

Welches Informations-Angebot aus dem absoluten reinen Potenzial gefiltert oder zusammengesetzt wird, sich bildet oder zeigt, hat viel mit den persönlichen Gedanken und Gefühlen, mit Wünschen und Ängsten, also der Bewusstsein/Unterbewusstsein-Wirkeinheit des Menschen zu tun, dem sich diese Informationen als Realitäten im persönlichen Energie/Informations-Komplex öffnen.

Manchmal öffnet sich auch die Gesamtheit des absoluten reinen Potenzials völlig unvermittelt, und sie überträgt dem in tiefer Versenkung sitzenden oder dem sich in einem Nahtoderlebnis befindlichem Menschen alle Informationen des absoluten reinen Potenzials. Dieser Mensch empfindet eventuell in seinem weiteren Leben eine Art Führung durch diesen Informations-Fluss, der seine Präsenz stabilisiert hat. Ich selbst kenne eine Führung ohne Worte, nur durch Impulse und Intuition. Die Worte, die ich mir dazu zu schaffen versuche, also extrahiertes Wissen, empfinde ich persönlich als nebensächlich, weil diese Teilheiten von mir als sehr unbefriedigend erlebt werden. Nur die Ganzheit erlebt die Ganzheit, die Teilheit erlebt Teile.

Kapitel 13

Fragen

♦Vielen Nahtodlern begegnen Familienmitglieder, Engel, oder anderen Wesen. Davon hast du gar nichts gesagt.

Ich habe während der akuten NTEs keine Begegnung mit differenzierten, klar definierten Wesen gehabt. Ich glaube, dass es stark davon abhängt, aus welchem Lebenszusammenhang eine Persönlichkeit stammt, damit sich vorrangig dieses oder jenes "Wesen" formt oder nähert. Ich persönlich habe in den NTEs und in dem TVE eine Präsenz des gesamten "Inhalts" des absoluten reinen Potenzials empfangen. Damit gibt es für mich jedes Potenzial, d.h. jede Möglichkeit existiert und kann Phänomene bilden, wenn die richtigen Voraussetzungen gegeben sind. Was sich zeigt, ausbilden will oder ausbildet, hat viel mit meiner Bewusstsein/Unterbewusstsein-Wirkeinheit im persönlichen Energie/Informations-Komplex in der Wechselwirkung mit der freien Energie/Information im absoluten reinen

Potenzial zu tun. Für mich persönlich gibt es keine "Wesen" im Himmel oder irgendwo anders. Aus meiner Sicht sind alle "Wesen" Informationsanteile der freien Energie/Information im absoluten reinen Potenzial. Die Informationen können je nach der gegebenen Struktur eines Energie/Informations-Komplexes, also z.B. eines Menschen, mit der Bewusstsein/Unterbewusstsein-Wirkeinheit "Wesen" erschaffen, die deutliche Präsenz entfalten können. Diese "Wesen" existieren allerdings nur in diesem Zusammenhang in dieser bestimmten Präsenz, können sich aber stabilisieren, wenn der Mensch sie weiter schalten und walten lässt, indem er ihnen seine Energie gibt und die Begrenzung erschafft, die ihre Stabilisation begünstigt. Ohne diese Gemeinschaftsarbeit formen sich keine Präsenzen aus. Informationen sind grundsätzlich und immer präsent und in Kontakt mit jedem Menschen. Sein persönlicher Energie/Informations-Komplex grenzt Informationen ein, isoliert bestimmte Präsenzen und versorgt sie mit Energie oder eben nicht. Werden Präsenzen nicht mit Energie versorgt, bleiben sie ein Potenzial, das sich nicht differenziert präsentiert. In einer TVE oder in einer NTE verändert sich das Zusammenspiel aller Faktoren dahin, dass der Mensch einen anderen Zugang zu der Energie/Information des absoluten reinen Potenzials aufbaut, als er ihn in der Regel im üblichen Alltagsleben nutzt. Allerdings verändert sich das Alltagsleben nach diesen Erfahrungen drastisch, weil ein solches Erlebnis die Karten neu mischt.

◆Ist leben sterben?

Leben entstand ja nicht aus dem Nichts, sondern aus dem absoluten reinen Potenzial. Dieser Bereich gehört für uns Menschen erstmal zum Todesreich. Aber das ist falsch. Das Todesreich ist eine Möglichkeit des absoluten reinen Potenzials. Alles ist hier als Potenzial angesiedelt. Leben wird hier geboren und wirkt (lebt) in dem Bereich des absoluten reinen Potenzials. Das absolute reine Potenzial birgt also das Leben und den Tod gleichermaßen. Aus akuter menschlicher Sicht ist das Leben eine Reduzierung, ein Abbau von Möglichkeiten und von Potenzial, also eigentlich ein Sterben, ein Nicht-Seins-Prozess. Seit unserer Geburt durchlaufen wir den Prozess des Alterns, einer Veränderung, die wir als Reduzierung empfinden und die als Tod endet. Der Todes-Bereich wäre mit jedem Potenzial ausgerüstet, also erscheint er uns als der lebensförderliche Bereich, denn unser menschliches Leben entsteht ja aus einem Nicht-Sein. Tatsächlich sind das Leben wie der Tod Seinsbestandteile, die sich weder durch das Leben noch durch den Tod verlieren. Sie gehören zum immerwährenden Sein. Ich behaupte wagemutig, dass ein

Nahtoderlebnis oder ein Erlebnis tiefer Versenkung einem Menschen ein Streifen des immerwährenden Seins zu Lebzeiten ermöglicht.

Nur wer lebt, kann den Tod erfahren, zelebrieren, tief und bewusst den Übergang durchlaufen. Leben scheint die einzige Möglichkeit zu bieten, differenzierte Gefühle und Wahrnehmungen zu empfinden und zu verarbeiten. Leben ist der Puls des absoluten reinen Potenzials, das uns Menschen im Bewusst – Sein zugänglich ist.

◆Häufig wird in Meditationen über etwas meditiert. Wie siehst du das?

Meditation sollte nicht nach dem Leistungsprinzip – ich meditiere um…..zu….. praktiziert werden, sondern des natürlichen und einfachen Seins wegen.

Für mich richtet sich Aufmerksamkeit auf einen engen Fokus aus. Achtsamkeit erfasst einen weiten Fokus. Gewahrsein ist für den fließenden Fokus prädestiniert. Meditation ist das Sein zwischen und innerhalb aller Zustände. Die Leere.

Wenn ich mich in der Leere einer Meditation befinden kann, warum sollte ich dann die Einschränkungen des Denkens in den Vordergrund stellen wollen? Das wäre eine selbst auferlegte Begrenzung, obwohl ich in der Leere grenzenlos offen und empfänglich für die Wunder des Seins sein und bleiben könnte. Wenn ich den

Leerezustand verlassen und meine Meditationszeit beendet habe, bleibt mir genügend Zeit und Möglichkeit meinen Gedanken Raum zu lassen und sie zu verfolgen. Meditieren heißt für mich also, die Präsenz des Seins in der vollkommenen Leere zu leben.

◆Wie würde sich dieser Zustand im Alltagsleben ausdrücken?

Der Ausdruck im Alltag ist das vorurteilsfreie, achtsame Aufnehmen und Umgehen mit den dynamischen Abläufen des Alltags und das Zulassen des So-Seins des Augenblicks in Verbindung mit dem Bezug zur persönlichen Bewusstsein/Unterbewusstsein-Wirkeinheit im persönlichen Energie/Informations-Komplex.

Es fließen im So-Sein alle Informationen aus der Gegenwart, aus der Vergangenheit und aus der Zukunft ein. Dies sind alles Impulse im Raum/Zeit-Kontinuum, die ich ständig verwerte oder verwerfe. Ein aktiver Wandlungsprozess. Die Lebenskunst besteht für mich z.B. im fortwährenden Auf- und Abbau von Seins-Komponenten, die den Alltagsprozess regeln und meinen Seins-Kern pflegen, z.B. unter zur Hilfename der variablen Fokussierungsmöglichkeiten: enger, weiter, fließender und leerer Fokus.

◆Du wünscht dir ein Netzwerk von NTElern, die sich austauschen.

Ja, das stimmt, denn viele dieser Grenzgänger haben sich noch keinen anderen Menschen entspannt und offen mitgeteilt. Die Erfahrungen sind ja nicht nur schwer in Worte zu fassen, sondern sie erscheinen einem NTEler oft auch abwegig, und sie fühlen sich daher oftmals unnormal an. Der gegenseitige Austausch von Erfahrungen und Deutungen ist da sicherlich sehr hilfreich. Ich persönlich möchte da aber gern noch viel weiter gehen, denn ich glaube, dass die Erfahrungen von NTElern oder von TVElern für uns alle einen großen Nutzen darstellen. Nachdem die kommerzialisierte Esoterik-Bewegung leider enorme Begrenzungen geschaffen hat, indem sie die Persönlichkeit mit ihren Wünschen und Zielen in den Mittelpunkt gerückt hat, wird es Zeit, den Fokus von der Persönlichkeit her auszudehnen, um den Zusammenhang der planetarischen Lebensgemeinschaft zu berücksichtigen. Und das nicht rhetorisch geschickt, sondern von Geist, Herz und Hand aktiv und direkt.

◆Gibt es eine direkte Kommunikation mit Verstorbenen?

Leben und Tod sind eine Art Perspektivwechsel im Bereich des absoluten reinen Potenzials. Der persönliche

Energie/Informations-Komplex (pE/I-K) eines Leben-
den, sowie die Anteile des pE/I-K eines Verstorbenen
befinden sich immer im absoluten reinen Potenzial. Die
eventuelle "Kommunikation" findet nicht statt wie unter
zwei lebenden Menschen. Sie findet auf der Ebene der
freien Energie/Information statt und nicht zwischen ei-
nem persönlichen E/I-Komplex und den Anteilen von
einem p E/I-K eines Verstorbenen. Auf dieser freien
Energie/Informations-Ebene im absoluten reinen Po-
tenzial "kommunizieren" Informationen ohne Persön-
lichkeit, und zwar immer und ständig, weil sie eine Ein-
heit, eine Präsenz sind. Sie wissen alles voneinander.
Sie sind alles. Lebende Menschen besitzen in der eige-
nen Bewusstsein/Unterbewusstsein-Wirkeinheit (B/U-
W) die "Enigma" zur Entschlüsselung des Informations-
stromes dieser freien E/I-Ebene, sodass sich auch per-
sönliche Informationsanteile auf Anfrageimpulse hin
ausformen können, die von anderen Menschen, ob le-
bend oder tot, stammen. Diese Kommunikationsart ist
allerdings nicht mit der alltäglichen Kommunikation zwi-
schen Menschen, so vielschichtig sie auch sein mag, zu
vergleichen. Verstorbene haben für mich keine zentral
verortete Bewusstsein/Unterbewusstsein-Wirkeinheit in
der persönlichen Art eines lebenden Menschen. Das
Bewusstsein eines Verstorbenen ist als Information im
Bereich der Energie/Information des absoluten reinen

Potenzials völlig frei, unzentriert und ungebunden. Ein lebender Mensch kann diese Ebene nur raum/zeitlich begrenzt betreten und dann wieder in sein Leben zurückkehren. Würde ein lebender Mensch sich zu 100% auf der Ebene eines Verstorbenen befinden, dann gäbe es bei der Rückkehr Identitätsprobleme. Der Mensch mit solchen Erfahrungen hätte sich komplett aufgelöst auf der Ebene der freien Energie/Information und wäre damit als Persönlichkeit ein Potenzial geworden in einer Mischung unendlicher Möglichkeiten. Aus diesem Bereich wieder als die alte Persönlichkeit zurückzukommen, halte ich für unmöglich. Das entspräche in etwa der Problematik des beamens. Meine Ansicht drückt nun mal die Erfahrung eines NTElers und eines Menschen mit tiefer Versenkungserfahrung aus, denn diese Menschen sind nach so einer Erfahrung nicht mehr die gleichen Persönlichkeiten wie vor solchen Erlebnissen, allerdings finden sie sich in ihrem Körper wieder und dieser sieht noch so aus wie vorher, wenn er nicht verletzt wurde.

Eine Kommunikation mit Verstorbenen oder nicht anwesenden Lebenden kann sich als Impuls von persönlichkeitsfremden Gedanken/Gefühlen äußern, einem inneren Gespräch mit mir als meiner alltäglichen Persönlichkeit bekannten Kraft, und Impulsen einer Kraft, die

mir nicht als meine alltägliche Persönlichkeit bekannt
ist.

◆Warum ist mein Bewusstsein nicht mein Bewusstsein?
Mein Bewusstsein ist nicht mein *Bewusstsein im Sinne*
von einem isolierten, vollkommen eigenständigen Be-
wusstsein, das nur mir ganz allein gehört. Es ist einge-
bettet im universellen, ganzheitlichen Bewusst – Sein.
Es wird von ihm gespeist und es fließt in das Bewusst –
Sein ein. Eine Wechselbeziehung. Der persönliche Be-
wusstseinsrahmen ist mein Körper mit einer Bewusst-
sein/Unterbewusstsein-Wirkeinheit (B/U-W). Ein aktives
System zur Verarbeitung von Reizen (Kräften&Infor-
mationen) innerhalb des Systems und im Austausch mit
dem Bewusst – Sein, das weitere Informationen berei-
thält, die zur Verfügung stehen, wenn das persönliche
System flexibel genug ist, die Informationen über die
B/U-W mit einzubeziehen, um sie bei seiner Reizverar-
beitung zu berücksichtigen. Das Miteinbeziehen ist ein
natürlicher Vorgang bei jedem Menschen, die verarbei-
tende Berücksichtigung ist persönlich extrem variabel,
weil die B/U-W Filter vor und hinter die Verarbeitung
setzt. Diese Filter sind auch die Möglichkeit, aber vor al-
lem die Bereitschaft zur Informationsverarbeitung im
Alltagsbewusstseins-Modus.

◆Die Reinkarnationslehre ist weit verbreitet, du hast eine eigene Ansicht dazu.

Ja, das stimmt wahrscheinlich. Kurz zum Vergleich: Die Reinkarnationslehre besagt, dass ein individuelles Ich körperliche Existenz und nicht körperliche Existenz rhythmisch durchläuft und dabei immer das gleiche Ich bleibt, aber von Leben zu Leben unterschiedliche Körper benutzt. Das würde bedeuten, dass ein Ich in beiden Zuständen, dem Leben wie und auch dem Tod, eine kompakte, unverwechselbare, in sich geschlossene Wesenheit ist.

Für mich gibt es ein individuelles Ich nur in einem relativen Zustand, nämlich in einem zusammengezogenen und in einem ausgedehnten Zustand. Zusammengezogen ist das Ich in einem menschlichen Körper, ausgedehnt ist es in der Körperlosigkeit. In der Ausdehnung ist ein Ich gewandelt in Anteile der gesamten freien Information im Bewusst – Sein, dem absoluten reinen Potenzial. In diesem Zustand existiert für mich das zusammengezogene Ich nicht mehr. Es ist in viele Informations-Einzelteile aufgelöst und damit Bestandteil eines großen Ganzen. Zusammengezogen ist ein Ich ein im lebendigen Körper begrenzter, dynamischer Bereich, der mit/als Bewusstsein/Unterbewusstsein-Wirkeinheit mit/als persönlicher Energie/Informations-Komplex aktiv ist. Dieser dynamische Ganzheits-Bereich von B/U-W und pE/I-K korreliert mit dem Bewusst – Sein. Zusammengezogenes und ausgedehntes Ich sind damit zwar ebenfalls ein Ganzes, aber in einem lebenden Körper als zusammengezogenes Ich ist es immer ein einmaliges, sich stetig wandelndes, konzipierendes Ich. Für mich wandelt sich ein Ich in der Ausdehnung elementar. Es wird das absolute reine Potenzial. In der Zusammenziehung wirkt das Ich linear, es sei denn, ein lebender Mensch überschreitet die üblichen Grenzen deutlich, dann entsteht eine expansive Entwicklung mit der Möglichkeit einer fließenden Ich-Eins Entwicklung.

Ein statisches Ich, eine stabile Grundkonstellation gibt es also grundsätzlich nicht. Es gibt Wandlung in der Körperlichkeit, dem Leben, und es gibt Wandlung bei Nichtkörperlichkeit in die Auflösung, den Tod. Ein ehemaliges Wandel-Ich einer Körperlichkeit wird in dieser Wandel-Ich Konstellation nach dem Körpertod nie wieder vollkommen rekonstruiert in einem neuen Körper auftauchen können, denn als Potenzial hat es keine spezielle Ich-Prägung, und es steht ihm keine Energie für Aktivitäten zur Verfügung. In jedem neugeborenen Körper sind allerdings Bestandteile aller jemals existierenden Ichs vorhanden. Zu den Informationen dieser Ich´s oder Ich-Anteile kann jeder lebende Mensch Verbindung herstellen. Allerdings darf er nicht denken, dass diese Informationen ausschließlich aus seinem ei-

genen ehemaligen, konzentrierten Ich aus einem früheren Leben stammen. Die Informationen, die er eventuell sehr klar empfängt, als wäre es sein vergangenes Leben gewesen, stammen aus komplexen Zusammenhängen, die unser einfältiges Bewusstsein auf sein persönliches Ich bezieht, das nur aus sich heraus Ereignisse auf sich bezieht. Weiterhin scheint mir die Notwendigkeit eines rhythmischen Wechsels eines Ichs von der Körperlichkeit zur Körperlosigkeit und wieder zur Körperlichkeit völlig absurd. Dafür wäre nicht nur eine Intention notwendig, sondern auch ein ewig existierendes statisches Ich. Wie gesagt, von all dem halte ich persönlich gar nichts. Ein Wandel-Ich im lebenden Körper kann ein fließendes Ich im lebenden Körper entfalten. Hat das Ich den Körper verlassen, ist es ein Potenzial im absoluten reinen Potenzial. Als Potenzial hat jedes Ich Anteile an jedem anderen lebenden Ich, denn das absolute reine Potenzial ist der Lebensraum aller Phänomene.

◆Was nimmst Du wahr beim Gegenüber?
Das ist unglaublich vielfältig, aber ich möchte mal versuchen, mich auf den Kernpunkt zu beziehen.
Als Menschen wissen wir nicht, wer wir sind. Wir kennen nicht den Grund für unsere Existenz. Unser Dasein ist uns ein vollkommenes Rätsel. Der Sinn des Lebens

ist uns gänzlich unbekannt. Wir wissen gar nichts. Wir fühlen uns als etwas, als Ich in einem Körper, den wir gern mein Körper nennen. Wir wissen aber nicht wer Ich ist, wo es sich befinden könnte, wie und warum es sich formt, gestaltet, ausdrückt, auf etwas bezieht. Wir kennen das Ich nicht. Das Du noch weniger. Wir wissen nicht was wir sind, wo wir sind, wer wir sind, wozu wir sind, wann wir sind und ob wir überhaupt sind. Jeder Mensch, der mir gegenübersteht, den ich im Fernsehen sehen kann, von dem ich eine Abbildung in den Händen halte, oder von dem mir intensiv berichtet wird, vermittelt mir eine gigantische Informationsflut. Im Kern nehme ich eine Kraft wahr, die in ihrer Natur einfach nur präsent ist. Aber sobald sich ein Individuum im Spannungsfeld der Polarität differenziert dieser Kraft bemächtigt, drängt sich mir Angst mit all den daraus resultierenden Folgen auf. Unsicherheit, Verlorenheitsgefühle, Panik, Wut, Tatendrang, einfach alles Mögliche. Zu unserer Absicherung, die uns das Gefühl vermitteln soll, dass wir existieren, agieren wir Menschen auf Teufel komm raus. Um es abzukürzen: Jeder Mensch hat Angst, sein Ich nicht stabilisieren und erhalten zu können, denn er spürt zutiefst, dass sein Bezug zu dem Ichbegriffsinhalt unstimmig ist. Er beschäftigt sich damit, die Angst los zu werden. Um diese Sisyfosaufgabe zu bewältigen, sind der Fantasie keine Grenzen ge-

setzt. Solange das menschliche Leben grundsätzlich angstgeprägt ist, werden wir es nicht verstehen, genießen oder angemessen erleben und zu würdigen wissen. Angst zu relativieren, sie zu wandeln durch tiefes Verständnis ihrer Bedeutung, wäre ein Prozess, den ich mir für uns alle wünschen würde, denn dann wäre uns als globale Gemeinschaft mehr Frieden, Freiheit, Offenheit, Intelligenz, Weisheit, Herzlichkeit, Mitgefühl, Toleranz möglich. Die Welt würde sich wirklich ändern, wenn wir Menschen keine Angst vor der Angst hätten.

◆Du hast erst nachdem Du fertig warst mit Deinem Text andere Bücher zum Thema gelesen, warum?

Ich habe vor dem Schreiben nichts gelesen, und danach habe ich nur sehr wenige Erfahrungsberichte gelesen, hauptsächlich einige Forschungsergebnisse. Ich habe mich damit zurückgehalten.

Jeder Mensch mit Nahtoderfahrung oder einem Erlebnis von tiefer Versenkung hat dies auf ganz eigene Weise erlebt, erinnert und verarbeitet, aber es gibt laut der Forschung weltweit Ähnlichkeiten bei NTEs, die selbst bei kleinen Kindern zu finden sind. Das Eigene, Unverfälschte, Echte halte ich für besonders wichtig, denn nur darin liegt das interessante Potenzial für uns alle. Werden Erfahrungen anderer Menschen mit NTE unbewusst eingeflochten in das eigene Erlebnis, be-

wusst kopiert und vielleicht ausgeschmückt, oder werden Erfahrungen sogar frei erfunden, z.B. um sich als etwas Besonderes zu präsentieren, um besondere Werte zu vermitteln, um Kohle zu machen, weil das Thema noch was hergibt, dann werden diese Bücher vielleicht Bestseller, aber ihre Bedeutung für die wahren Zusammenhänge des Themas ist außerordentlich fragwürdig.

Meine eigenen Erlebnisse erfassten sowohl in dem tiefen Versenkungserlebnis wie auch durch die beiden Nahtoderlebnisse alles, das gesamte Sein und die Befreiung davon. Ich hätte unzählige Anknüpfungen an das absolute reine Potenzial in Form von Geschichten über Sphären, Wunder, Wesen beschreiben können, aber ich möchte mich auf das Wesentliche beschränken, wie ich es in meiner Schrift zusammengetragen habe. Denn die Schilderungen von Dimensionserfahrungen mit ihren Welten und Wesen die dazugehören, sind nur Möglichkeitseinschränkungen und können nicht in einem Leben erzählt werden, denn sie tragen das Ganze, das Eine Sein, das absolute reine Potenzial in sich. Wie sollte man das in Schilderungen zusammenbringen, und vor allem wozu? Das für mich Wichtige und Entscheidende habe ich versucht darzustellen, und es liegt mir fern zu denken, dass meine Erfahrungen etwas Besonderes sind, oder eine Leistung darstellen, durch die ich befähigt wäre, andere Menschen zu *belehren. Mich würde der echte Austausch unter NTElern interessieren und natürlich, welchen positiven Nutzen solche Erfahrungen für unsere globale Gemeinschaf im Zusammenleben als gleichwertige Persönlichkeiten haben können. Ich halte nichts von vorrangiger Dominanz irgendeiner Autorität, Gruppierung, Ethnie.*

◆Du hälst Nahtoderfahrungen auch ohne physische Bedrohung für möglich.

Ja, und ich meine damit nicht die Gehirnmanipulationen von Forschern, sondern die natürliche Entwicklung unter bestimmten Voraussetzungen. Ich nehme an, dass Nahtoderfahrungen in der frühen Kindheit den riesigen Überschuss an Verknüpfungsmöglichkeiten durch Vernetzungen von Nervenzellen nutzen und beeinflussen. Es findet möglicherweise eine Prägung von Nervenzellennetzwerken statt, die Erfahrungsdimensionen freischaltet, die ein ganzes Leben lang aktiv bleiben können, und die so die Erfahrungswelt eines Menschen signifikant mitgestalten. So werden die Folgen eines Nahtoderlebnisses zu einem integrierten Bestandteil der normalen Daseinserfahrung. Bei massiver Überreizung beginnt dann eventuell der Ablauf einer realen Nahtoderfahrung, obwohl keinerlei äußere Bedrohungen vorzuliegen scheinen. Ich halte also eine neuronale Grundprägung durch ein NTE für wahrscheinlich, die einen permanenten Informations- und Energiewert für die Lebensausrichtung eines Menschen darstellt und beinhaltet, sodass auf eine Reizüberflutung hin eventuell ein Nahtodprogramm ausgelöst werden kann. Jedenfalls erkläre ich mir persönlich so den Grund für mein zweites Nahtoderlebnis im Jahre 1978.

Schaubild

Absolutes Reines Potenzial

entspricht **Bewusst – Sein**

als der Grundlage aller Seins-Phänomene

↕

Freie Energie/Information

innerhalb des Bewusst - Seins

↕

Persönlicher Energie/Informations-Komplex

als Bestandteil der freien Energie/Information

↕

Bewusstsein/Unterbewusstsein-Wirkeinheit

als Bestandteil des persönlichen Energie/Informations-Komplexes

↕

menschlicher Körper

entstanden durch und in Wechselwirksamkeit aller Bereiche

Der Grunddrang der Evolution ist die Vermehrung der Tiefe.
Dies ist der Drang des Kósmos* zur Selbsttranszendenz: über
das Vorangegangene hinauszugehen und dieses trotzdem ein-
zuschließen und damit die eigene Tiefe zu steigern.

(Mit Kósmos meint Wilber die drei Hauptbereiche: Materie oder
Kosmos, Leben oder Biosphäre, Geist oder Noosphäre)

(Zitat: S.66, (S.39*) Ken Wilber, Eine kurze Geschichte des Kosmos, Fischer TB, 2016)

HEILSPRUCH

In jedem einzelnen Quark meines Körpers,

in jedem einzelnen Atom meines Körpers,

in jedem einzelnen Kristall meines Körpers,

in jedem einzelnen Molekül meines Körpers,

in jeder einzelnen Zelle meines Körpers,

in meinem gesamten Energie/Informations-Komplex,

in meiner gesamten Bewusstsein/UnterbewusstseinWirkeinheit,

in meiner Psyche, in meinem Unterbewusstsein, in meinem Bewusstsein, in meinem Geist, in meiner Seele, in meiner kompletten Ganzheit,

zentrieren sich gegenwärtig und ununterbrochen alle wirksamen Kräfte und Informationen und schaffen so in mir ....

ein optimal funktionierendes Immunsystem, optimal funktionierende Selbstheilungsmechanismen, optimal funktionierende Selbstheilungsprozesse, optimal funktionierende Selbstheilungskräfte, vollkommene Gesundheit, vollkommene Liebe, vollkommenes Glück, vollkommene Weisheit, vollkommenen Reichtum, vollkommenen Wohlstand, vollkommenen Frieden, vollkommene Freiheit, vollkommene Freude.

Lerne den Text auswendig und spreche ihn jeden Tag mit vollem Bewusstsein und Empfinden. Danach denke nicht mehr daran und sei gegenwärtig und klar.

T E I L 4

Anhang

Kapitel 14 Definitionen

So weit zu meinen persönlichen Erlebnissen, Erfahrungen, Interpretationen und der sich daraus ergebenden Sichtweise einiger Zusammenhänge.

Wie am Anfang des Buches erwähnt, habe ich meine Geschichte und meine Gedanken geschrieben, ohne vorher Bücher zum Thema des Nahtoderlebens anderer Menschen gelesen zu haben. Nachdem ich meinen persönlichen Teil beendet hatte, habe ich hier und da ein wenig gestöbert und hänge im Folgenden einige Zitate an.

Der nächste Teil beschäftigt sich mit einigen Büchern zu dem Thema des Nahtoderlebens, der tiefen Versenkung und der Quantenwelt.

Zuerst eine Definition zum Begriff Tod vom Deutschen Wissenschaftlichen Beirat der Bundesärztekammer aus dem Jahre 1993: *Der Organismus ist tot, wenn die Einzelfunktionen seiner Organe und Systeme sowie ihre Wechselbeziehungen unwiderruflich nicht mehr zur übergeordneten Einheit des Lebewesens in seiner funktionellen Gesamtheit zusammengefasst und unwiderruflich nicht mehr von ihr gesteuert werden.* (Prien und

Hönemann 2003) (Zitat: S. 212, Ulrich Warnke, Die Öffnung des 3. Auges, Scorpio, 2017)

Zum Thema Nahtoderlebnis:

Eine Definition des Nahtoderlebens von Prof. Janice Holden, dem derzeitigen Vorsitzenden von IANDS (International Association of Near-Death Studies: *Nahtoderfahrungen sind Erinnerungsberichte von tief greifenden psychischen Erfahrungen mit generell auftretenden "paranormalen", transzendenten und mystischen Merkmalen. Sie treten während eines außergewöhnlichen Bewusstseinszustandes in einer realen oder drohenden körperlichen, psychologischen, emotionalen und spirituellen Sterbephase auf und haben generell auftretende Nebenwirkungen.* (Zitat: S. 39, Pim van Lommel, Endloses Bewusstsein, neue medizinische Fakten zur Nahtodforschung, Knaur, 2013)

Im öffentlichen Raum begegnet man bei dem Nahtoderlebnis – Phänomen einer Mischung aus Faszination und Skepsis. Immer wieder werden die Berichte angezweifelt und als Ausdruck einer Hirn-Pathologie verunglimpft.
Die Betroffenen werden dadurch in vielfacher Weise vereinsamt: durch ihr eigenes ungläubiges Staunen, die begrenzte Vermittlungsfunktion unserer Sprache, durch die Unfähigkeit der unwissenden Mitmenschen zur Empathie und durch einen besserwisserischen Zeitgeist, der jeden echten Bezug zu transmateriellen Dimensionen verloren hat. (Zitat: Mona-Elise Sy, S.92, Nahtod und Transzendenz, eine Annäherung aus Wissenschaft und Erfahrung, Tagungsbeiträge 2007, Santiano Verlag, 2007)

Wenn Neurowissenschaftler sich zum Thema äußern, entsteht manchmal der Eindruck, als sei es eine ausgemachte Sache, dass NTE Halluzinationen seien. Dabei gibt es bis heute kein gesichertes Wissen darüber, welche Hirnprozesse dazu führen, dass eine NTE entsteht. (Zitat: Mona-Elise Sy, S.14, Nahtod und Transzendenz, eine Annäherung aus Wissenschaft und Erfahrung, Tagungsbeiträge 2007, Santiano Verlag, 2007)

Selbst wenn wir über alle hirnphysiologischen Prozesse, die an der Entstehung von NTE beteiligt sind, Bescheid wüssten, wäre damit der Inhalt der Erfahrungen noch nicht erklärt. Die Frage bliebe offen, ob es sich nur um Phantasien handelt, die im Gehirn selbst mit den eigenen inneren Bildern produziert werden oder um Eindrücke, in denen sich in den Erfahrungsweisen, die den Menschen zur Verfügung stehen, eine andere Wirklichkeit artikuliert. Man muss, glaube ich, noch einen Schritt weiter gehen. Ich sehe nicht, mit welchen wissenschaftlichen Mitteln sich die grundsätzliche Frage überhaupt entscheiden ließe, ob die Erfahrungen im Gehirn erzeugt oder durch die physiologischen Prozesse nur vermittelt werden, es also eine Schaltstelle im Gehirn gibt, die als eine Art Organ für Transzendenzerfahrungen fungiert. (Zitat:Mona-Elise Sy, S.15, Nahtod und Transzendenz, eine Annäherung aus Wissenschaft und Erfahrung, Tagungsbeiträge 2007, Santiano Verlag, 2007)

Bei Nahtoderlebnissen wie bei einer echten meditativen Erfahrung gibt es einen gemeinsamen Nenner, der bei beiden Phänomenen gleichermaßen auftritt und von existenzieller Bedeutung ist: Das Bewusstsein verlässt den Körper.

Echte meditative Erfahrung beginnt nach Ansicht der alten Meister erst mit einem "Übersteigen des Körperbewusstseins".
Im Prozess der Meditation ist dies der erste entscheidende und zugleich schwierigste Schritt in einen veränderten Bewusstseinszustand.......Es gilt, die gewohnte Kontrolle und die gewohnte Identität "ich bin mein Körper" loszulassen.
Menschen mit Nahtoderfahrung scheint jede Entscheidung abgenommen. Sie werden in einen veränderten Bewusstseinszustand geradezu hinein geschleudert. Der Angst vor dem Loslassen sind sie demnach enthoben........
Die Reduzierung der Hirnwellenaktivität auf einen Delta- oder Theta-Frequenz-Bereich und eine Zunahme der Synchronisation der Hirnhemisphären bis zur Kohärenz scheinen Voraussetzungen für eine Art Tor zu anderen Frequenz- oder Energie-Ebenen darzustellen, in denen höhere Schwingungen auch veränderte Wahrnehmungen ermöglichen. (Shaldrake, 1984)
(Zitat: Mona-Elise Sy, S.94/95, Nahtod und Transzendenz, eine Annäherung aus Wissenschaft und Erfahrung, Tagungsbeiträge 2007, Santiano Verlag, 2007)

30 Jahre wissenschaftlicher Forschung im Bereich der Nahtoderfahrungen ergaben nur bescheidene Fortschritte im Verstehen ihres Wesens und ihrer Funktionsweise, ihre Auswirkungen auf das Leben der Nahtoderfahrenen hingegen sind heute gut bekannt.
Die bemerkenswertesten und folgenreichsten Auswirkungen der NTEs sind die Bedeutung der Liebe, der Verlust der Angst vor dem Tod, die Gewissheit, dass das Bewusstsein nach dem Tod des physischen Körpers weiterlebt und die Überzeugung, dass es eine spirituelle Wirklichkeit gibt. (Zitat: Mona-Elise Sy, S.114,

Nahtod und Transzendenz, eine Annäherung aus Wissenschaft und Erfahrung, Tagungsbeiträge 2007, Santiano Verlag, 2007)

Der Ansicht, dass Nahtoderfahrungen bloß Träume seien, widerspricht die Tatsache, dass sogar bei kleinen, etwa unter zwei- und dreijährigen Kindern NTEs genau dieselben typischen und universellen Muster aufweisen wie bei Erwachsenen. In so jungen Jahren träumt man aber noch nicht zusammenhängend, bloß Bruchstücke. Erst im Alter von 8-10 Jahren träumt man auch zusammenhängende Inhalte wie ein Erwachsener. (Zitat: Walter van Laack, S. 27, Nahtod und Transzendenz, eine Annäherung aus Wissenschaft und Erfahrung, Tagungsbeiträge 2007, Santiano Verlag, 2007)

Definitionen zum Thema der tiefen Versenkung:
Je tiefer die Meditation wird, desto mehr verschwimmt die Grenze zwischen Subjekt und Objekt, zwischen Bewusstsein und Inhalt. An einem bestimmten Punkt verschmelzen beide vollständig miteinander. Dann sind Sie selbst das Licht oder die Gottheit. Dies ist der angestrebte Zustand der Ekstase (Sanskrit: Samadhi)..... Die höhere Form der Ekstase ist ein Zustand formlosen Bewusstseins.
Im Yoga bedeutet Erleuchtung die dauerhafte Erkenntnis der eigenen wahren Natur – des ultimativen oder transzendentalen Selbst. Diese Erkenntnis wird auch als Befreiung bezeichnet, weil sie befreit von der falschen Vorstellung, ein eigenes und von allem anderen getrenntes Ich-Wesen zu sein.
Die Befreiung wird auch als bewusst erlebte Ekstase bezeichnet, weil sie – anders als andere Formen der Ekstase – die

Wahrnehmung der Welt nicht ausschließt. (Zitat: S. 380, Feuerstein/Payne, Yoga für Dummies, Wiley-VCH Verlag, 2016)

Was ich hier ansprechen möchte, wird je nach Tradition als Erleuchtung oder spirituelles Erwachen bezeichnet, weil wir dabei aus dem Traum der Getrenntheit erwachen, den unser ichbezogenes Denken träumt, unser Ego-Geist.........
Der Kern des Erwachens ist eine Verschiebung in unserer Wahrnehmung, durch die wir uns nicht mehr als isoliertes Individuum sehen, sondern – sofern nach dieser Verschiebung überhaupt noch von einer Sicht unserer selbst die Rede sein kann – als etwas Allumfassendes, in das alles und alle überall und jederzeit eingeschlossen sind........
Das Erwachen ist ein Erinnern. Wir werden dabei nicht etwas, was wir bis dahin nicht waren. Wir verwandeln uns nicht. Wir verändern uns nicht einmal.......
Beim Erwachen zeigt sich sehr klar, dass es sich nicht um etwas Persönliches handelt. Vielmehr erwacht unser universaler Geist oder universales Bewusstsein zu sich selbst. Da wacht kein Ich auf, sondern das, was wir wirklich sind, wacht vom Ich auf. Es erwacht von der Suche und vom Sucher....
Unser wahres Wesen hat jederzeit an aller Erfahrung teil, und es gibt keinen Augenblick, in dem und für den es nicht wach wäre. (Zitat: S. 14-16, Adyashanti, Sein, die wahre Natur der Erleuchtung, O.W. Barth, 2014)

Beispiel zum Thema der tiefen Versenkung: *Mit sechs Jahren hatte sie ihre erste Erfahrung des Samadhi, bei der sie für einen ganzen Tag das Wachbewusstsein verlor. Dieses Erlebnis, so sagt sie, lehrte sie völlige Loslösung von menschlichen Bindun-*

gen. „Von da an wusste ich, dass ich nur im Göttlichen lebe, *und durch den Willen und die Hilfe des Göttlichen." Eine solche* *Loslösung ist normalerweise Frucht lebenslanger Gebete und* *Anstrengungen. Die Mutter kannte diese Loslösung bereits mit* *sechs Jahren.* (Zitat: S. 9, Adilakshmi, Die Mutter, Mutter Meera, ihr Leben und ihre Erfahrungen, Eigenverlag, 1996)

Es ist so, als ob unsere ganzen Begriffsgebilde ihr überhaupt *nichts bedeuten. Ihre Bildung ist absolut. Sie hat Götter und* *Avatare zu Lehrern gehabt. Sie hat aus einem glühenden, un-* *mittelbaren Innesein der Seele und des Supramentalen alles* *gelernt, was ihr zu wissen nötig war.* (Zitat: S. 16, Adilakshmi, Die Mutter, Mutter Meera, ihr Leben und ihre Erfahrungen, Eigenverlag, 1996)

„Unser Körper ist Instrument und Diener unseres Bewusstseins. *Unser Bewusstsein ist völlig frei vom Körper, es funktioniert* *seinem eigenen Zustand entsprechend. Es ist in der Zeit, wie* *auch jenseits der Zeit tätig, im Raum, wie auch jenseits des* *Raumes, in der Dunkelheit ebenso wie im Licht, in der Form,* *wie im Formlosen. Die Seele ist frei von Begrenzungen. Das* *Feld unseres Bewusstseins ist voller Aktivität, ohne Worte. Es* *birgt in sich einen Ozean von Wissen. Es kennt keine Rast."* (Zitat: S. 27, Adilakshmi, Die Mutter, Mutter Meera, ihr Leben und ihre Erfahrungen, Eigenverlag, 1996; – Mutter Meera lebt seit den 1980ger Jahren in dem kleinen Örtchen Thalheim in Deutschland und gibt Menschen aus aller Welt Darshan)

Nur wenn man sich in einem Zustand des Nichtwissens befin- *det, in dem die Vergangenheit sinnlos geworden ist und die Zu-* *kunft ein ewiges Fragezeichen darstellt, wird es möglich, einen*

wachen Zustand der Aufmerksamkeit aufrechtzuerhalten, der
notwendig ist, um das Neue zu lernen. (Zitat: S.22, Patanjali, Die
Wurzeln des Yoga, O.W.Barth Verlag, 1976)

Möglichkeiten einer Informationsübertragung:

Könnte es sein, das die überraschenden, unserem Erleben und
Denken oft eine Wende gebenden Anmutungen, Phantasien
und Eingebungen nicht nur durch eine Zusammenschau der in
uns gespeicherten Informationen zustande kommen, sondern
tatsächlich von außen als Quanteninformation über sehr lange
elektromagnetische Wellen, beziehungsweise sehr energiear-
me, nicht sichtbare Photonen?

Denn so wie aus unserem Gehirn die im EEG gemessenen
sehr langen Wellen austreten, so könnten ja auch einzelne, in
ihrer Vereinzelung nicht messbare elektromagnetische Wellen
in dieser ungeheuren Größendimension von mehreren hundert-
tausend Kilometern Wellenlänge von uns als Informationsträger
aufgenommen werden.

Dies geschieht jedoch nicht über unsere üblichen Sinnesorgane
und deren Nervenbahnen zum Gehirn, sondern als großräumi-
ge, durch die Schädeldecke eintretende Protyposis, die mögli-
cherweise geeignet ist, in diesem Augenblick bei uns alle Infor-
mationen von außen und innen zu einer Ganzheit zusammen-
zufassen und damit bedeutungsvoll wird.

Auch diese sehr langen elektromagnetischen Wellen breiten
sich ja zunächst in alle Richtungen aus. Sie können, da sie
Photonen sind, an geeigneter Stelle auch Informationen über-
tragen, und diese Protyposis wird von unserem Gehirn als dem
sichtbaren Licht verwandt erkannt und daher leicht auch als
Licht erlebt. Solch ein energiearmes Photon könnte dann mit

unserem schon im Inneren bereitgestellten Wissen den ent-
scheidenden Ausschlag für das Bilden einer neuen Ganzheit in
Form einer höheren Erkenntnis geben.

Als unser Leben oft einschneidend verändernde, aber uns al-
lenfalls nebulös bewusst zur Verfügung stehende Wahrneh-
mungen wandeln möglicherweise die energiearmen Photonen
in unserem Gehirn, meist plötzlich und blitzartig, bedeutungs-
freie in bedeutungsvolle Informationen um zu einer ganzheitli-
chen, hellen und runden, oft glasklaren Erkenntnis. (Zitat: S.
167/168, Frido und Christine Mann, Es werde Licht, die Einheit von Geist
und Materie in der Quantenphysik, S. Fischer, 2017)

Protypopsis: *Da nach Görnitz&Görnitz diese Art von nichtobjektivierbarer*
Information nicht mit naturwissenschaftlichem Denken kompatibel ist, pos-
tulieren sie, dass es sich bei dieser Ur-Information (nach Weizsäcker)
nicht um bedeutungsvolle, sondern immer um bedeutungsfreie Information
handeln muss, die unserer Welt als Urstoff des Kosmos und als Grundlage
von dessen gesamter Evolution von Urknall bis zur Entstehung des Be-
wusstseins zugrunde liegt. Dessen einfachste, aber nicht kleinste, sondern
im Gegenteil über den ganzen Kosmos ausgedehnte Einheiten sind die
sogenannten Qubits.

Diese bedeutungsfreie Quanteninformation als denkbar abstrakteste und
zugleich für alles grundlegende Substanz bezeichnen Görnitz&Görnitz
auch als Protyposis. Die aus dem Griechischen stammende typeo – ich
präge ein – soll verdeutlichen, dass sich dieser abstrakten und damit be-
deutungsfreien Quanteninformation eine Form, eine Gestalt und mögli-
cherweise auch eine Bedeutung einprägen können. Protyposis ist damit
eine als möglich, vorweggenommene oder Vor-Gestalt, eine Vorstellung
oder Modell von allem. (Zitat: S. 135, Frido und Christine Mann, Es werde
Licht, die Einheit von Geist und Materie in der Quantenphysik, S. Fischer,
2017)

Weitere wichtige Zitate:

Intelligent wollen wir hier ein System bezeichnen, das zielgerichtet Informationen verarbeiten kann. Da das alles durchdringende Hintergrundfeld in diesem Sinne Intelligenz aufweist (Max Planck: „Wir müssen einen bewussten Geist hinter dieser Kraft annehmen"(Planck 1944), kann man es als Wesenheit auffassen. Mit Wesenheiten, von denen wir Teil sind, denn das Feld ist ja auch in uns, können wir korrespondieren, oder wir können diese Wesenheiten auch in unserem Sinne umformen und nutzen.

Die plausible Annahme des Modells ist also: Die Vakuumphase mit Dunkler Energie, Dunkler Materie und Higgs-Feld beherbergt Universalinformation, unter anderem unsere angeborenen Gefühle, unsere Erinnerungen und Erfahrungen und den dazugehörigen Bewusstseinshalter. Dieser Bewusstseins-/Unterbewusstseins-Modus ruft gezielt Informationen ab; die Schwache und Elektroschwache Kraft überträgt die Codierung auf Materie als Emotion. (Zitat: S.240, Ulrich Warnke, Die Öffnung des 3. Auges, Quantenphilosophie unseres Jenseits-Moduls, Scorpio Verlag, 2017)

Geist-Seele mit Bewusstsein/Unterbewusstsein ist für jeden von uns der entscheidende Realitätsschalter – und pure subjektive Angelegenheit. Und schon stecken wir in einem großen Problem, denn es kann laut dieser Erfahrung und Erkenntnis offensichtlich keine Wissenschaft geben, die vollkommen objektiv ist. Denn natürlich setzt auch Wissenschaft den subjektiven interpretierenden Geist voraus und kann ohne ihn nicht existieren. Da aber Geist-Seele und Bewusstsein/Unterbewusstsein an sich nicht ohne weiteres messbar und dementsprechend wissenschaftlich nicht bewiesen ist, werden diese unwissenschaftlichen Instrumente besser stillgeschwiegen und außer Acht gelassen.

Auf den Punkt gebracht heißt das: Wissenschaft wird betrieben mit wissenschaftlich unbewiesenen Instrumenten. (Zitat: S.228, Ulrich Warnke, Die Öffnung des 3. Auges, Quantenphilosophie unseres Jenseits-Moduls, Scorpio Verlag, 2017)

Wenn wir es im normalen Alltagsleben schaffen, die elektromagnetisch vermittelte Außenwelt auszusperren (wie im Nahtod, im Traum, während der Trance und Meditation), können wir hochkonzentriert die Welt der Dunklen Materie, die Innenwelt des Selbst mit ihren unendlichen Möglichkeiten aufsuchen. (Zitat: S.254/255, Ulrich Warnke, Die Öffnung des 3. Auges, Quantenphilosophie unseres Jenseits-Moduls, Scorpio Verlag, 2017)

Schlusswort

Wenn ich auf mein Leben zurückschaue, dann empfand ich mich häufig so, als stünde ich hinter einem magischen Vorhang mit Gucklöchern auf die Welt hinter dem Vorhang. Immer wieder schob ich diesen Vorhang beiseite und betrat die unfassbare Welt dahinter. Die Eindrücke nahm ich mit. Die Faszination, die diese Welt in mir auslöste, ließ mich immer in Reichweite des Vorhangs bleiben, gleichzeitig mit dem Wunsch verbunden, spielend zwischen beiden Welten hin und her zu gehen, grad so, wie es mir Freude macht. Eines Tages wurde mir klar, dass dieser Vorhang nur in meiner Vorstellung vorhanden ist und beide Welten von mir besucht werden können, wenn ich den Vorhang abhänge, und beide Welten so zulasse, wie sie sind. Sie sind eine Welt. Ab diesem Moment war alles nichts und nichts war alles. Ich fühlte mich frei, vollkommen. Was hat das mit sich gebracht? Ein normales Menschenleben, in innerer Freiheit und mit einem Lebensfundament der Dankbarkeit und Liebe.

Ich kann mir lebhaft vorstellen, dass meine Schlüsse, Vorstellungen und Gedanken, die ich hier vorgetragen habe, für die meisten Menschen sehr abwegig erscheinen müssen. Manch einer wird sie auch als glatte Spinnerei abtun. Was soll ich sagen, Leute, es nützt ja nichts, es geht für mich halt nur so. Ich habe meine Zeit hier bisher mit *den Beiden* intensiv verbracht, mit dem Leben und mit dem Tod. Die eine Hand hält das Leben, die andere Hand hält den Tod. Ich spaziere mit beiden durch unsere Welt und bin froh darüber, dass es so ist.

Wahrscheinlich sucht ja jeder von uns den Sinn des Lebens und seine eigene Aufgabe. Mir war meine Aufgabe als Kind sehr klar und deutlich durch die Ereignisse und die Begegnungen mit den Menschen und deren Verhaltensweisen ins Erleben geprägt. Je älter ich wurde, desto verkopfter wurde mein Erleben, aber ich bekam zur richtigen Zeit immer wieder die entscheidenden Impulse präsentiert.

Ich habe in den 63 Jahren, die ich hier jetzt existiere, unfassbare Geschenke erhalten. Wundervolle Menschen umgaben und umgeben mich. Sie haben mir unbeschreibliche Erlebnisse und Erkenntnisse geschenkt.

Nach unserem gesellschaftlichen Standart gemessen habe ich nichts, und ich bin nichts geworden.

Nach meinen eigenen Empfindungen kann einem Menschen gar nicht mehr gegeben werden, als ich es bekommen habe. Ich bin ein freier Mensch.

Alles, was ich beruflich und auch sonst versuche zu tun, möchte die Dankbarkeit ausdrücken, die ich meinen Mitmenschen und dem Dasein gegenüber empfinde, denn ohne beide wäre ich nicht vorhanden. Ich könnte weder Bezug noch Verbindung herstellen, empfinden oder Schlüsse ziehen, singen, lachen oder weinen. Ich könnte nicht schlafen oder wütend sein. Trauer oder Freude, Staunen und Schrecken wären mir unbekannt. Liebe wäre nichts, dabei ist sie alles. Liebe, meine Lieben, ist ALLES. Gebt euch ihr hin, lasst sie tief in euch verankert sein. Das ist meine Aufgabe. Es ist auch Deine.

Der Ausdruck der Liebe ist unendlich vielseitig, deshalb gibt es z.B. Neugier und Kreativität. Jeder von uns kann durch sein Denken, Fühlen und Handeln Liebe wirken lassen.

Liebe ist Leben.

Bewusst – Sein ist Liebe.

Wir sollten stiller werden. Wir sind meistens viel zu laut.

Nur in der Stille zeigt sich die Schönheit, die Freiheit des Seins.

Das Überwältigende. Das Erhabene. Das absolute reine Potenzial. Die Liebe.

Es gibt immer Sein, es gibt immer Nicht-Sein. Wenn beide stets da sind, wird Sein das Gleiche wie Nicht-Sein. Wenn es sich zeigt, wird Nicht-Sein zu Sein. Lao-tse (Zitat: S. 48, *Der Weg des Samurai* von Yagyu Munenori)

Ich bin in mir verhaftet,

Einzelzelle,

ohne Mauern, ohne Draht,

daher fast unüberwindlich,

nichts Fassbares zum hinüberschwingen,

nur der Wille schafft es nicht,

mich zu erlösen;

vielleicht kann meine Liebe es erreichen.

(Gedicht von 1973 aus: Liebe, Lust und Leben von 1986)

Der Autor

Klaus Thalheim, Jahrgang 1955, ist ein empirisch orientierter *Bewusst – Seins* Interessierter, der sich mit dem Überschreiten von Grenzen der Wahrnehmung und Verarbeitung von Kräften und Informationen auseinandersetzt. Seit 1967 geht er kontinuierlich seinem Interesse nach und setzt Erfahrungen und Erkenntnisse praktisch in seiner Lebens- und Arbeitsweise um, die aus dem tiefen Erleben der *Gemeinsamkeit allen Seins* erwächst. Die Verbindung aller Seins-Phänomene, die Gemeinschaft des Seins auf allen Ebenen mit *Haut und Haar* zu verinnerlichen, ist sein Anliegen. Um diese Ganzheit konstruktiv mitzugestalten, ist ein Bewusstseins-Sprung jedes planetarischen Individuums von entscheidender Bedeutung. Um diesen Bewusstseinssprung anstoßen zu helfen, leitet der Autor seit fast 50 Jahren individuelle Ansätze und Gruppenarbeiten an und engagiert sich praxisbezogen und undogmatisch in Problembereichen des Miteinanders.

Info/Kontakt: www.thalheim-koeln.de

Weitere Bücher des Autors:

●LIEBE, LUST und LEBEN; 40 Gedichte und 16 *photo copy painting* Bilder aus den 1980er Jahren; Eigenverlag, Auflage 1000 Stück;   10,-€; nur beim Autor erhältlich;

●DIE PAUSE DER TÄNZERIN, Der Weg, das absolute Potenzial zu leben; Verlag: Books on Demand, Norderstedt, 2008, ISBN 978-3-8370-3102-7, vergriffen;

●ELIAS Wolf von Midnapore, Erzählungen unter dem Pseudonym Manu el Turiya; Verlag: Books on Demand, Norderstedt, 2014, ISBN 978-3-7357-1738-2, 15,90€;

●NOW, Niemand ohne Wirkung, Nichts ohne Wirkung, Suigeneris Mentaltraining, Entfaltung des absoluten reinen Potenzials, Verlag: Books on Demand, Norderstedt, 2016, ISBN 978-3-7412-7022-2,   14,90€;